Bien dit! 2

Cahier d'activités

HOLT McDOUGAL

 HOUGHTON MIFFLIN HARCOURT

Contributing writer
Séverine Champeny

Reviewer
Dana Chicchelly

Table of Contents

Table of Contents

Ma famille et mes copains

CHAPITRE **1**

VOCABULAIRE 1/GRAMMAIRE 1

1 Complète les mots-croisés avec les termes qui conviennent.

HORIZONTAL

1. Mon _____ est le fils de ma tante Isa.

2. La nouvelle femme de papa est ma _____.

3. Le mari de ma tante, c'est mon _____ Luc.

VERTICAL

4. Le père de ma mère, c'est mon _____ Alex.

5. La mère de ma cousine, c'est ma _____.

6. Je n'ai pas de _____, mais j'ai une sœur.

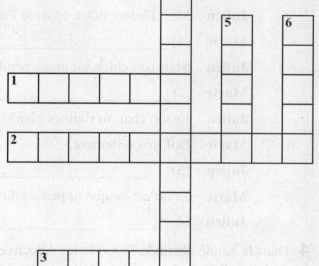

2 Utilise les fragments ci-dessous dans le bon ordre et les formes qui conviennent du verbe **avoir** pour faire des phrases complètes.

1. tu / quel / âge / Joséphine

_____

2. trois chiens / et / deux chats / ma mère et moi, nous

_____

3. deux frères / mais / toi, tu / pas de sœur / ne... / tu

_____

4. dans ma famille / cheveux bruns / et / on / yeux bleus

_____

5. deux chats / gros / moi, j(e) / intelligent / et

_____

6. grande famille / et vous, vous / petite famille / ou

_____

VOCABULAIRE 1/GRAMMAIRE 1   CHAPITRE **1**

3 Julien et sa cousine Marie parlent de leur famille. Complète leur conversation avec les expressions de la boîte.

Moi non plus	Moi si	Pas moi	Moi aussi

Julien   Moi, j'adore notre cousine Patricia. Et toi, Marie?

Marie   (1) _____. Elle est super gentille.

Julien   Mais son chien est assez pénible. Je ne l'aime pas tellement.

Marie   (2) _____! Il est super marrant!

Julien   Et son chat, tu l'aimes bien?

Marie   Bof, pas tellement.

Julien   (3) _____. Il n'est pas très gentil.

Marie   Et qu'est-ce que tu penses du copain de Patricia? Je l'adore, moi!

Julien   (4) _____. Il est nul!

4 Dans la bande dessinée *Tintin®,* les détectives Dupond et Dupont se répètent toujours. Récris chaque phrase à la manière des Dupondt. Remplace le verbe **avoir** avec une forme du verbe **être** et fais tous les autres changements nécessaires.

MODÈLE Bianca Castafiore a les cheveux blonds. **Elle est blonde.**

1. Tintin, tu as les cheveux roux? _____

   _____

2. Professeur Tournesol, vous n'avez pas les cheveux blonds. _____

   _____

3. Le chien Milou a les poils *(hair)* blancs. _____

   _____

4. Le capitaine Haddock et Nestor n'ont pas les cheveux châtains. _____

   _____

5. Et nous, les Dupondt, nous avons les cheveux bruns. _____

   _____

5 Noémie Tremblay, une petite fille canadienne, rend visite à ses grands-parents qui habitent dans ta rue. Réponds aux questions d'après l'image.

1. Comment est la mère?

_____

2. De quelle couleur sont les cheveux du père? Ils sont courts ou longs?

_____

3. Comment est Noémie?

_____

4. Est-ce que les Tremblay ont un animal? Il est comment?

_____

5. Comment sont le grand-père et la grand-mère de Noémie?

_____

6 Écris une phrase pour décrire une caractéristique physique et un trait de caractère (ou une chose que chaque personne aime ou n'aime pas faire) pour chacune des personnes suivantes.

1. ton père ou ta mère _____

_____

2. ton frère ou ta sœur _____

_____

3. tes grands-parents_____

_____

4. tes copines au lycée _____

_____

5. ton professeur de français _____

CULTURE CHAPITRE **1**

7 **GÉOCULTURE** Trouve la définition de la boîte qui correspond à chaque endroit ou événement à gauche.

_____ 1. Les Deux Magots

_____ 2. la place du Tertre

_____ 3. le Tour de France

_____ 4. Roland-Garros

_____ 5. la place Vendôme

_____ 6. Notre-Dame de Paris

> a. le rendez-vous des artistes parisiens
> b. une grande course de vélo
> c. les grands bijoutiers
> d. une cathédrale gothique
> e. un café parisien célèbre
> f. un tournoi de tennis

8 **FLASH CULTURE** Dis si les phrases suivantes sont **vraies (V)** ou **fausses (F)**. Ensuite, corrige les phrases fausses.

_____ 1. Le week-end, les Parisiens aiment bien se promener dans le jardin du Luxembourg.

_____

_____ 2. Les enfants français appellent souvent leur mère «mamie».

_____

_____ 3. Si on a faim, on peut manger le plat du jour dans un café français.

_____

_____ 4. Le parc Monceau est une grande forêt près de Paris.

_____

9 **COMPARAISONS** Tu viens d'arriver à Rabat, au Maroc, où tu vas habiter avec une famille marocaine pendant six mois. Décris cette «famille étendue».

_____

_____

_____

_____

_____

_____

_____

_____

_____

Ma famille et mes copains

CHAPITRE 1

VOCABULAIRE 2/GRAMMAIRE 2

10 Pour chaque groupe de mots, barre celui qui ne va pas avec les autres. Ensuite, explique pourquoi en anglais.

1. une limonade / un jus de fruits / une batterie / un coca

   _____

2. dimanche / mardi / printemps / samedi

   _____

3. un piano / une batterie / une guitare / une raquette

   _____

4. un chocolat chaud / un croque-monsieur / une tarte aux pommes / une glace

   _____

5. été / mars / août / juin

   _____

11 Lis chaque description, puis trouve et encercle le mot qui correspond dans le puzzle.

1. C'est un sandwich chaud au jambon et au fromage.

   _____

2. C'est bon quand il fait très chaud en été!

   _____

3. C'est un sport pour lequel on a besoin d'une raquette et d'une balle.

   _____

4. C'est ce qu'on peut faire avec une batterie, une guitare et un piano.

   _____

5. C'est un jeu difficile mais très intéressant.

   _____

```
C R O Q U E - M O N S I E U R
T D A Z L A X U W I O Z P O G
E D I W I N K S O E R U K G L
N L C N - W U I G Y P N U S A
N T K A T H T Q D Z A B W I C
I H E I H A U U A N T I N E E
S - M N E C Z E H E C H E C S
```

VOCABULAIRE 2/GRAMMAIRE 2   CHAPITRE **1**

12 M. et Mme Smith font un voyage à Paris. Explique ce qui se passe. Utilise les
sujets sous les images.

1.   2.   3.

4.   5.   6.

1. Mme Smith _____

2. Vous _____

3. Nous _____

4. M. et Mme Smith _____

5. Chéri, tu _____

6. Moi, je _____

13 Décris deux activités que ces personnes font souvent ou aiment sûrement faire.

1. Nous adorons aller en ville pour retrouver nos amis et discuter.

   _____

2. Mes cousines aiment voir des films et elles aiment aussi faire des films.

   _____

3. Vous adorez tous les sports.

   _____

4. J'adore les magazines de photo et j'ai un nouvel appareil photo super!

   _____

14 Dis quand ou combien de fois par jour (semaine, mois, etc.) ces personnes font les activités suivantes. Varie les expressions utilisées.

1. (étudier) Mes camarades _____

_____

2. (manger de la glace) Dans ma famille, nous _____

_____

3. (jouer de la musique) Moi, je _____

_____

4. (parler français) Vous, les professeurs de français, vous _____

_____

5. (acheter des CD) Mon meilleur ami _____

_____

6. (préférer prendre du coca) Toi, tu _____

_____

15 Benjamin invite Laurence au café. D'abord, ils parlent de ce qu'ils prennent. Ensuite, Benjamin demande à Laurence ce qu'elle aime et n'aime pas faire. Finalement, Benjamin invite Laurence à faire quelque chose d'autre après le café. Invente leur conversation.

Benjamin _____ ?

Laurence _____

Benjamin _____ ?

Laurence _____

Benjamin _____ ?

Laurence _____

Benjamin _____ ?

Laurence _____

Benjamin _____ ?

Laurence _____

Benjamin _____ ?

Laurence _____

LECTURE   CHAPITRE **1**

16 Astérix® est le héros d'une bande dessinée française très connue. Lis les descriptions de quelques-uns des personnages, puis réponds aux questions.

Astérix

C'est le héros du village. Il est petit, mince et blond, avec les cheveux courts et une grosse moustache. Il est très courageux et très intelligent.

Obélix®

C'est le meilleur ami d'Astérix. Il est grand et très gros, avec de longs cheveux roux et une grosse moustache. Il a un petit chien blanc très mignon qui s'appelle Idéfix. Il est très fort parce qu'il est tombé dans la potion magique quand il était petit. Il accompagne Astérix dans toutes ses aventures. Son activité préférée: manger!

Panoramix®

C'est le druide du village qui prépare la potion magique. Il est assez âgé et il a une grande barbe blanche. Il a des pouvoirs magiques et il est très intelligent.

Abraracourcix®

Abraracourcix est le chef du village. Comme Obélix, il est roux et assez gros et il adore aussi manger.

Assurancetourix®

C'est le barde du village, mais il n'est pas très apprécié. Il est mince avec les cheveux blonds. Il chante très mal et il est assez pénible.

---

1. Décris l'apparence physique et le caractère d'Astérix.

    _____

2. Qui est Obélix? Qu'est-ce qu'il adore faire?

    _____

3. Qui est Idéfix? Comment est-il?

    _____

4. Pourquoi est-ce que Panoramix est un personnage important?

    _____

5. Qu'est-ce qu'Abraracourcix et Obélix ont en commun?

    _____

6. Pourquoi est-ce qu'on n'aime pas beaucoup Assurancetourix au village?

    _____

RÉVISIONS CUMULATIVES

17 Amina passe le semestre chez toi. Elle te pose des questions sur ta famille. Réponds en utilisant les mots entre parenthèses, comme dans le modèle.

MODÈLE C'est ton grand-père? (homme / vieux) <u>**Oui, c'est un vieil homme.**</u>

1. C'est ta cousine? (jeune fille / beau)

   Oui,_____.

2. C'est l'appareil photo de ton oncle? (appareil photo / nouveau)

   Oui,_____.

3. C'est votre chien? (animal / beau)

   Oui,_____.

4. Ce sont les chats de ta grand-mère? (chats / vieux)

   Oui,_____.

5. Ce sont les raquettes de tennis de tes cousins? (raquettes / nouveau)

   Oui,_____.

6. C'est le caméscope de ta sœur? (caméscope / vieux)

   Oui,_____.

18 Tu cherches un(e) correspondant(e) francophone. Réponds aux questions de la directrice du programme qui va t'aider à trouver le (la) correspondant(e) idéal(e).

1. Tu as quel âge?_____

2. Qu'est-ce que tu aimes faire?_____

   _____

   _____

3. Qu'est-ce que tu aimes manger? _____

   _____

4. Est-ce que dans ta famille, vous faites souvent du sport? Quand? _____

   _____

5. Tu as beaucoup de copains? Ils sont comment? _____

   _____

6. Est-ce que tu parles bien français?_____

   _____

RÉVISIONS CUMULATIVES   CHAPITRE **1**

19 Décris trois des personnes dans l'arbre généalogique. Mentionne les liens de parenté entre chaque personne que tu décris et deux autres membres de la famille *(how each person is related to two other family members).*

_____

_____

_____

_____

_____

_____

20 Ton correspondant voudrait savoir qui est ta célébrité préférée (athlète, musicien/ne, acteur/actrice, etc.). Fais-en sa description et mentionne les choses et/ou les activités qu'il/elle aime probablement.

_____

_____

_____

_____

21 Décris les activités que ta famille fait typiquement en semaine. Explique quand ou combien de fois par semaine vous faites chaque chose.

_____

_____

_____

_____

On fait la fête

VOCABULAIRE 1/GRAMMAIRE 1

1 Dans la boîte à droite, trouve la chose qui est logiquement associée à chaque fête de la liste à gauche.

_____ 1. la fête nationale

_____ 2. Noël

_____ 3. un anniversaire

_____ 4. le nouvel an

_____ 5. la fête des mères

> a. le sapin
> b. les confettis
> c. le gâteau
> d. le bouquet de fleurs
> e. un défilé

2 Qu'est-ce que tu dis dans les situations suivantes?

_____ 1. Ton ami part en voyage en Afrique.
  a. Bonne soirée!
  b. Profite bien de tes vacances.
  c. Bonne année!

_____ 2. C'est le vingt-cinq décembre.
  a. Bon anniversaire!
  b. Joyeux Noël!
  c. J'espère que tu vas passer de bonnes vacances d'été.

_____ 3. Ton cousin va à une boum ce soir.
  a. Amuse-toi bien!
  b. Je te souhaite une bonne année.
  c. Amuse-toi bien au bal populaire!

_____ 4. C'est le jour de l'an et tu rencontres ton professeur en ville.
  a. Bonne soirée!
  b. Je vous souhaite une bonne année.
  c. Bonne fête des pères!

_____ 5. On allume les bougies du gâteau de ta grand-mère.
  a. Bonne fête des mères!
  b. J'espère que tu vas passer un bon Noël.
  c. Joyeux anniversaire!

11

VOCABULAIRE 1/GRAMMAIRE 1

3 Invente une petite devinette pour chaque terme, comme dans le modèle. Utilise un pronom d'objet direct ou indirect dans chaque devinette.

> **MODÈLE** bouquet de fleurs **On l'offre à sa mère pour la fête des mères.**

1. décorations de Noël

_____

2. invités

_____

3. carte de vœux

_____

4. bûche de Noël

_____

5. hymne national

_____

6. bougies

_____

7. ballons

_____

8. cadeau

_____

4 Patrice et Jean essaient de trouver une idée de cadeau pour l'anniversaire de leur ami Hervé. Complète leur conversation de façon logique.

Patrice Dis, Jean, (1) _____

pour Hervé?

Jean (2) _____ un CD! Il adore la musique.

Patrice Non, (3) _____ et c'est pas

très original. Tu n'as pas (4) _____?

Jean Euh... Tu (5) _____ un chèque-

cadeau. C'est toujours utile.

Patrice Oui, (6) _____!

VOCABULAIRE 1/GRAMMAIRE 1　　　　　　　　CHAPITRE **2**

5 Réponds à chaque question en utilisant le pronom d'objet indirect approprié.

1. Tu offres un bouquet de fleurs à ta mère pour la fête des mères?

    _____

2. Vous envoyez souvent des cartes de vœux à vos amis dans ta famille?

    _____

3. Tu téléphones à mon frère et à moi pour nous inviter à ta boum?

    _____

4. On parle à tes amis et à toi pendant les boums?

    _____

5. Tu m'offres un cadeau pour mon anniversaire?

    _____

6 Écris une phrase complète pour décrire deux choses qu'on fait pendant ces fêtes.

_____

_____

_____　　　_____

_____　　　_____

CULTURE

7 GÉOCULTURE Écris une phrase pour expliquer ce que sont les choses suivantes.

1. le Tournoi des Six Nations

   _____

   _____

2. le pendule de Foucault

   _____

   _____

3. l'Arc de Triomphe

   _____

   _____

4. les catacombes

   _____

   _____

8 FLASH CULTURE Indique de quel événement on parle dans chaque phrase.

a. l'épiphanie	**b. faire le pont**
c. le 14 juillet	**d. le réveillon**

_____ 1. Ce soir-là, on mange souvent du foie gras, des huîtres et de la bûche.

_____ 2. On l'appelle aussi la fête des rois.

_____ 3. Le mardi est férié et on ne travaille pas non plus le lundi.

_____ 4. Il y a un grand défilé sur les Champs-Élysées et un feu d'artifice.

9 COMPARAISONS Si tu es invité(e) à dîner en France, qu'est-ce que tu peux offrir à tes hôtes? Pourquoi?

_____

_____

_____

_____

_____

_____

On fait la fête

10 Mets les lettres dans le bon ordre pour former des mots. Ensuite, écris une phrase dans laquelle tu utilises chaque mot de façon logique dans le contexte d'une fête.

1. S C A A C H T E U E _____

_____

2. L L M B A E R E _____

_____

3. E R O U P S I S E _____

_____

4. S N I V A T I T N O I _____

_____

5. S O C U R E S _____

_____

6. G M A N E E _____

_____

11 Tu vas organiser une soirée costumée chez toi pour ton anniversaire. Fais une liste de six choses à faire avant la boum et de cinq amuse-gueules à acheter.

À faire	À acheter

VOCABULAIRE 2/GRAMMAIRE 2 CHAPITRE **2**

12 Tous les amis de Laurence l'ont aidée à préparer sa fête d'anniversaire. Explique ce que tout le monde a fait en utilisant le passé composé.

Marianne

Moi, je (j')

Nous

_____ _____ _____

Tu

Vous

Claude et Simon

_____ _____ _____

_____ _____ _____

13 Rien n'est prêt pour la fête! Fais des phrases au passé composé.

1. Mes amis / ne... pas / aller acheter le gâteau d'anniversaire

_____

2. Moi, Lucas, je / ne... pas encore / partir au supermarché

_____

3. Ludivine, tu / ne... jamais / descendre à la boutique de cadeaux

_____

4. Nous, les garçons, nous / ne... pas / venir avec les CD

_____

5. Vous, les filles, vous / ne...pas / rester faire le ménage

_____

VOCABULAIRE 2/GRAMMAIRE 2

14 Tes cousins préparent une soirée et ils te demandent de les aider. Réponds à leurs questions affirmativement ou négativement. Utilise des expressions variées.

1. Tu peux m'aider à faire le ménage?

   _____.

2. Tu as bien choisi la musique?

   _____

3. Est-ce qu'il y a encore des courses à faire?

   _____

4. Tu as déjà décoré le salon?

   _____

5. Ça t'ennuie de faire la poussière?

   _____

6. Tu as pensé à envoyer les invitations?

   _____

15 Ahmed a fait une fête hier soir alors ce matin, il doit faire le ménage et ranger la maison. Il demande à sa sœur Salima de l'aider. Salima accepte de faire certaines choses, mais pas tout! Invente leur conversation.

Ahmed _____ ?

Salima _____

Ahmed _____ ?

Salima _____

Ahmed _____ ?

Salima _____

Ahmed _____ ?

Salima _____

Ahmed _____ ?

Salima _____

Ahmed _____ ?

16 Lis le texte ci-dessous, puis réponds aux questions qui suivent.

KWANZAA

Qu'est-ce que c'est, Kwanzaa?

C'est un festival qui célèbre les cultures afro-américaines et qui dure sept jours, du 26 décembre au 1er janvier. Cette fête est surtout célébrée dans les familles américaines qui ont un héritage africain. Le mot *kwanzaa* vient du Swahili, une langue africaine, et veut dire «premiers fruits».

Qui a inventé Kwanzaa?

Cette fête a été créée en 1966 aux États-Unis par Ron Karenga pour donner aux afro-américains une fête spéciale au moment de Noël.

Comment est-ce qu'on célèbre Kwanzaa?

Pendant sept jours, il y a des activités variées. On allume des bougies qui symbolisent l'héritage africain, on décore la maison avec des objets africains, on organise des fêtes et des repas, on écoute de la musique traditionelle, on danse et on offre des cadeaux. Pendant Kwanzaa, les femmes portent souvent des vêtements africains.

---

1. Explique ce qu'est le festival de Kwanzaa.

   _____

   _____

2. Quand est-ce qu'on célèbre Kwanzaa? C'est au moment de quelle autre fête?

   _____

3. Qui a créé Kwanzaa? Quand et où?

   _____

4. Quelles sont trois choses qu'on fait pendant la fête de Kwanzaa?

   _____

   _____

   _____

   _____

RÉVISIONS CUMULATIVES

17 Ta famille prépare une grande fête pour l'anniversaire de ton grand-père. Réponds affirmativement aux questions en utilisant des pronoms d'objet direct ou indirect.

   1. Tu invites le meilleur ami de ton grand-père?

     Oui,_____.

   2. Tes cousins offrent des chocolats à ton grand-père?

     Oui,_____.

   3. Vous allumez les bougies du gâteau?

     Oui,_____.

   4. On choisit la carte d'anniversaire ensemble?

     Oui,_____.

   5. Tes parents te demandent d'acheter les ballons et les décorations?

     Oui,_____.

18 Tu vas faire une grande fête pour le nouvel an et tu as besoin d'aide. Écris un e-mail à un(e) ami(e). Explique-lui ce que vous allez faire pendant la fête, puis demande-lui de t'aider à faire les préparatifs.

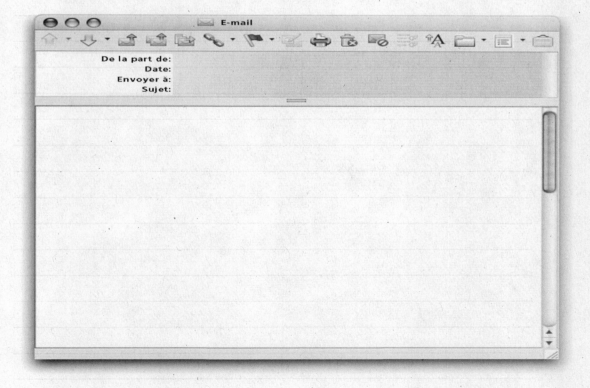

RÉVISIONS CUMULATIVES

19 Tes amis et toi, vous êtes allés à cette boum samedi dernier. Raconte ce qui s'est passé et ce que tout le monde a fait, d'après l'image. Puis, invente ce que toi et tes amis, vous avez fait à la boum et dis si tout le monde s'est amusé. Utilise ton imagination!

_____
_____
_____
_____
_____
_____
_____
_____
_____
_____
_____
_____
_____
_____

Faisons les courses

1 Trouve et barre l'ingrédient qu'on n'utilise pas dans chaque plat.

   1. une salade: tomates / huile / poivre / farine

   2. une tarte: sucre / farine / poires / aubergines

   3 une soupe de légumes: haricots verts / pommes / carottes / courgettes

   4. une salade de fruits: fraises / petits pois / framboises / cerises

   5. une omelette: champignons / œufs / pastèque / fromage

2 Choisis l'article partitif qui convient pour compléter chaque phrase.

   1. Tu mets _____ sucre dans ton café, Lisa?

       a. de l'   b. de la   c. du

   2. Noëlle, tu me rapportes _____ petits pois, s'il te plaît?

       a. de la   b. des   c. du

   3. N'oublie pas d'acheter _____ pastèque.

       a. de la   b. du   c. des

   4. Il faut _____ ail pour la salade.

       a. du   b. de la   c. de l'

   5. Tu veux bien aller m'acheter _____ farine, Julie?

       a. des   b. de la   c. du

3 Complète chaque phrase avec le terme qui convient.

une cuillerée à soupe	**des pêches**	**le four**
épices	**huile d'olive**	**bouillir**

   1. Pour faire la vinaigrette pour la salade, on a besoin d'/de

      _____.

   2. Je fais cuire mon gâteau dans _____.

   3. C'est un outil plus petit qu'une tasse. C'est _____.

   4. Nathalie n'aime pas trop les fruits, mais elle mange

      _____ de temps en temps.

   5. Oh là là! Tu as mis trop d'/de _____ dans ton chili!

   6. Il faut d'abord faire _____ l'eau pour cuire les œufs.

4 Donne deux ingrédients qu'on utilise pour faire chaque chose. Utilise le partitif.

1. un gâteau

_____

2. un sandwich végétarien

_____

3. une salade

_____

4. une tarte aux fruits

_____

5. un milk-shake

_____

5 Aujourd'hui, Pascal aide sa mère à préparer un gâteau pour l'anniversaire de son père. Complète leur conversation de façon logique.

Pascal   (1) _____ de faire ce gâteau?

La mère   Oui, c'est très simple. Tiens, (2) _____ les poires d'abord.

Pascal   D'accord.

La mère   (3) Ensuite, _____ la farine et le sucre.

Pascal   Il en faut combien?

La mère   Il faut deux (4) _____ de farine et une (5) _____ à soupe de sucre.

Pascal   (6) _____ des œufs dans ce gâteau?

La mère   Oui, (7) _____ les œufs maintenant. Bon, très bien. Maintenant il faut (8) _____ le gâteau au four. (9) _____ aller chercher le plat à gâteau dans la salle à manger?

Pascal   Oui, (10) _____ tout de suite.

VOCABULAIRE 1/GRAMMAIRE 1

6 Le petit frère de Sandrine est très curieux et il pose beaucoup de questions. Écris les réponses de Sandrine. Utilise le pronom y pour remplacer les mots soulignés.

1. Est-ce qu'on vend du coca <u>au supermarché</u>?

   Oui, _____.

2. Est-ce que maman prépare le repas <u>dans la cuisine</u>?

   Oui, _____.

3 On va manger <u>dans la salle à manger</u> ce soir?

   Oui, _____.

4. On met la glace <u>sur la table</u>?

   Non, _____.

5. Tu veux bien aller <u>au café</u> avec moi?

   Non, _____.

7 Tu fais la cuisine avec un(e) ami(e), mais tu as oublié des ingrédients. Utilise une expression différente pour demander à ton ami(e) d'aller acheter chaque chose.

1. _____

_____

2. _____

_____

3. _____

_____

4. _____

_____

CULTURE

8 GÉOCULTURE Dis si les phrases suivantes au sujet de la ville de Québec sont **vraies (V)** ou **fausses (F)**.

_____ 1. Québec est la seule ville fortifiée d'Amérique du Nord.

_____ 2. Les Français ont battu les Anglais sur les plaines d'Abraham.

_____ 3. Samuel de Champlain a fondé Québec en 1492.

_____ 4. La maison Jacquet est la plus vieille maison de la Haute-Ville.

_____ 5. La poutine est un plat québécois très populaire.

9 FLASH CULTURE Trouves les associations logiques entre les termes de gauche et les termes de la boîte.

_____ 1. le sirop d'érable

_____ 2. la poutine

_____ 3. un mètre

_____ 4. les cretons

_____ 5. la consigne

a. les frites
b. un chariot
c. un kilo
d. une cabane à sucre
e. le pâté

10 COMPARAISONS Réponds aux questions suivantes au sujet du couscous.

1. Qu'est-ce que c'est, le couscous? Qu'est-ce qu'il y a dedans?

_____

_____

2. Quand est-ce qu'on mange le couscous d'habitude?

_____

_____

3. Comment est-ce qu'on mange le couscous? Avec quelle main?

_____

_____

4. Qu'est-ce qu'on boit souvent avec le couscous?

_____

_____

5. Qu'est-ce qu'on fait après le repas?

_____

_____

VOCABULAIRE 2/GRAMMAIRE 2 CHAPITRE **3**

11 Complète le mots-croisés suivant avec les mots qui conviennent.

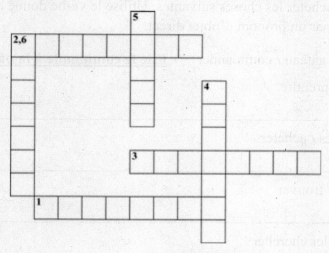

HORIZONTAL

1. petit fruit de mer souvent rose
2. personne qui travaille au supermarché
3. on y achète les boîtes de conserve

VERTICAL

4. personne qui vend du bœuf
5. c'est un demi-kilo
6. on y met ses courses dans le magasin

12 Lis la liste de courses de Marina, puis dis si les phrases suivantes sont **vraies (V)** ou **fausses (F).**

_____ 1. Elle ne va pas aller à la crémerie.

_____ 2. Elle va passer à la boucherie-charcuterie.

_____ 3. Elle va acheter deux choses à la boulangerie.

_____ 4. Elle doit passer à la poissonnerie.

_____ 5. Elle va acheter une douzaine d'œufs.

_____ 6. Elle va prendre un kilo de légumes à l'épicerie.

_____ 7. Elle va acheter des fruits de mer.

_____ 8. Elle va prendre des fruits à l'épicerie.

> 1 paquet de pâtes
> confiture de fraise
> 6 œufs
> 1 kilo d'abricots
> 5 tranches de jambon
> pain
> 1 livre de cerises
> yaourts
> jus d'orange
> fromage
> 1 livre de bœuf

VOCABULAIRE 2/GRAMMAIRE 2 CHAPITRE **3**

13 Madame Dumas fait ses courses dans les petits magasins en ville. Explique où elle va pour acheter les choses suivantes. Utilise le verbe donné et remplace chaque nom par un pronom d'objet direct.

> **MODÈLE** le gâteau / commander   **Elle le commande à la pâtisserie.**

1. le pain / prendre

_____

2. les huîtres / acheter

_____

3. le bœuf / trouver

_____

4. l'eau / aller chercher

_____

5. le fromage / acheter

_____

14 Tu participes à un sondage sur les jeunes et la nourriture. Réponds aux questions en utilisant des pronoms pour remplacer les éléments soulignés.

> **MODÈLE** Tu prends souvent <u>des fruits de mer</u> <u>au restaurant</u>?
> **Oui, j'y en prends souvent.**

1. Tu achètes <u>le bœuf</u> <u>au supermarché</u>?

_____

2. Tu parles <u>à la boulangère</u> quand tu vas <u>à la boulangerie</u>?

_____

3. Tu regardes <u>les promotions</u> dans le journal avant d'aller <u>au supermarché</u>?

_____

4. Tu commandes <u>de l'eau minérale</u> <u>au serveur</u> au restaurant?

_____

5. Tu manges <u>des sandwichs</u> <u>au lycée</u>?

_____

VOCABULAIRE 2/GRAMMAIRE 2 CHAPITRE **3**

15 Imagine que tu travailles dans un supermarché à Québec. Réponds aux questions des clients en utilisant le pronom **en** et le plan du supermarché.

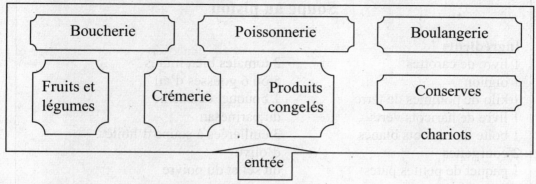

1. Où est-ce que je pourrais trouver des petits pois congelés, s'il vous plaît?

   _____

2. Est-ce que vous avez des aubergines?

   _____

3. Il y a un rayon «vêtements» dans votre supermarché?

   _____

4. Pardon, les chariots?

   _____

5. Je cherche des abricots en boîte.

   _____

16 Monica est à l'épicerie. Utilise sa liste de courses (activité 12) et invente sa conversation avec l'épicier.

Épicier _____ ?

Monica _____

Épicier _____ ?

Monica _____

Épicier _____ ?

Monica _____

Épicier _____ ?

Monica _____

Épicier _____ ?

Monica _____

LECTURE

17 Lis la recette suivante, puis réponds aux questions.

Soupe au pistou

Ingrédients

1 livre de carottes	2 tomates bien mûres
1 oignon	5 ou 6 gousses d'ail
1 kilo de pommes de terre	1 bouquet de basilic
1 livre de haricots verts	du parmesan
1 boîte de haricots blancs	3 cuillerées à soupe d'huile
2 courgettes	d'olive
1 paquet de petites pâtes	du sel et du poivre

Préparation

Laver, éplucher et couper les légumes en petits morceaux (sauf les tomates et l'ail), puis les mettre dans une marmite et ajouter 1 litre d'eau. Ajouter du sel et du poivre et faire cuire 1 heure. Ajouter les pâtes et cuire 10 minutes supplémentaires. Écraser les tomates, l'ail et le basilic. Ajouter l'huile d'olive et bien mélanger. Mettre 1 cuillerée de ce mélange dans chaque bol de soupe bien chaude et ajouter un peu de parmesan au dessus. Servir avec du pain chaud bien croustillant.

Bon appétit!

---

1. Qu'est-ce que c'est, la soupe au pistou?

_____

2. Comment est-ce qu'on prépare les légumes?

_____

3. Avec quoi est-ce qu'on mélange l'huile d'olive?

_____

4. Qu'est-ce qu'on utilise comme fromage dans la soupe au pistou?

_____

5. Combien de temps est-ce qu'on fait cuire la soupe au total?

_____

6. Dans quels magasins (3) on doit faire ses courses pour la soupe au pistou?

_____

_____

RÉVISIONS CUMULATIVES

18 Tu es candidat(e) au jeu *Jeopardy*®. Donne les questions qui correspondent à ces réponses.

> **MODÈLE** <u>**Est-ce que c'est facile de faire une tarte aux framboises?**</u>
> Non, c'est assez compliqué de faire une tarte aux framboises.

1. _____

   Je mets des œufs, du fromage, du lait et du jambon dans mon omelette.

2. _____

   Nous allons à la poissonnerie ce matin.

3. _____

   Parce que le pain est très bon dans cette boulangerie.

4. _____

   Non, je n'aime pas les crevettes.

5. _____

   On fait cuire le gâteau aux pommes vingt minutes.

6. _____

   La crémerie est sur la place de la République, à côté du café.

19 Choisis un plat que tu aimes beaucoup et écris sa recette. Donne la liste des ingrédients et leurs quantités et explique comment on prépare ce plat.

Recette: _____
Ingrédients
_____
_____
_____
_____
Préparation
_____
_____
_____
_____
_____
_____

RÉVISIONS CUMULATIVES CHAPITRE **3**

20 Explique où ta famille fait les courses et mentionne 5 choses que vous achetez souvent.

_____

_____

_____

_____

21 C'est toi qui fais la cuisine aujourd'hui. Tu vas faire une pizza. D'abord, fais la liste des ingrédients que tu as déjà à la maison. Ensuite, fais une liste des autres ingrédients nécessaires (3 minimum) pour faire ta pizza. Enfin, écris un petit mot à ton frère ou ta sœur pour lui demander d'aller en ville pour acheter ces ingrédients.

J'ai déjà: _____

_____

_____

Il me faut aussi: _____

_____

_____

_____,

_____

_____

_____

_____

Au lycée

1 Ajoute un mot qui est logiquement associé aux autres dans chaque liste.

emprunter	**gymnase**	**expérience**	**réussir**

   1. piste d'athlétisme / terrain de sport / complexe sportif /

   _____

   2. note / interrogation / rater / _____

   3 CDI / rendre / recherche / livre / _____

   4. laboratoire / blouse / lunettes / _____

2 Ludivine et Sonya parlent du lycée. Trouve la réponse logique à chaque question.

_____ 1. Comment s'est passée ton expérience, Sonya?

_____ 2. Au fait, est-ce que quelqu'un est allé au CDI?

_____ 3. Alors, la conseillère d'éducation, elle est comment?

_____ 4. Je me demande si Yves a encore perdu son match de foot.

_____ 5. Je parie que Nathalie est encore en retenue.

> a. Oui, pour une fois, c'est Paul qui a fait les recherches!
>
> b. Non, il l'a gagné!
>
> c. Oh là là! Je l'ai complètement ratée!
>
> d. Je n'en sais rien. Je ne l'ai pas encore rencontrée.
>
> e. C'est possible. Elle a eu une très mauvaise note en français.

3 Pierre et Zohra parlent de leur matinée au lycée. Choisis le mot qui convient pour compléter chaque phrase.

Pierre   Vous avez fait des expériences de chimie au labo ce matin?

Zohra   Oui, nous avons (1) _____ (fait / faite) deux expériences.

Pierre   Et comment ça s'est passé?

Zohra   Bien. Je les ai (2) _____ (réussies / réussi).

Pierre   Super! Et tu as parlé à Caroline?

Zohra   Oui, je (3) _____ (l' / lui) ai parlé à la récré.

               Et après, elle est (4) _____ (allé / allée) au CDI.

4 Lis ce que les élèves du lycée Henri IV disent et choisis l'image qui corrrespond à chaque phrase.

a.   b.   c.   d.

_____ 1. C'est l'heure de l'entraînement. Il faut aller au gymnase. Je parie que Laure va encore gagner le match!

_____ 2. Dis-moi, Sylvain, tu manges à la cantine à midi?

_____ 3. Alors, l'interro d'histoire? Tu as eu une bonne note?

_____ 4. Tu crois qu'il est arrivé quelque chose à Louise? Je l'ai vue à l'infirmerie ce matin.

5 Samuel pose des questions à Lucy, une nouvelle élève au lycée. Réponds en utilisant les indices, le passé composé et les pronoms appropriés.

1. —Alors, tu as visité le lycée aujourd'hui?

—Oui, _____.

2. —Qu'est-ce que tu penses de l'infirmière? (trouver sympa)

—Je _____.

3. —Et tu as parlé à tes profs?

—Oui, _____.

4. —Tu as rencontré mes amis Marc et Victor?

—Non, je _____.

6 Line, ta camarade canadienne est très curieuse! Réponds à toutes ses questions en utilisant les expressions de la boîte.

ne... rien	quelque chose	Quelqu'un	personne	ne... qu'une

1. Tu as raté toutes les interros de maths?

   Non, _____ !

2. Est-ce que quelqu'un fait des expériences au laboratoire aujourd'hui?

   Non, _____ !

3 Il ne s'est rien passé à la récréation ce matin?

   Si, _____ !

4. Il n'y a personne à l'infirmerie?

   Si, _____ !

5. Vous avez fait quelque chose en ville à midi?

   Non, _____ !

7 Jérémy parle de sa vie scolaire et des échanges scolaires dans son lycée. Complète ses phrases avec les formes qui conviennent du verbe **recevoir.** Attention! La dernière phrase doit être au **passé composé.**

1. Dans mon lycée, nous _____ souvent des élèves américains.

2. Moi, j'étudie sérieusement, alors en général, je _____ toujours de bonnes notes.

3 Mon frère n'est pas très bon en maths et j'essaie de l'aider, mais de temps en temps, il _____ quand même une mauvaise note.

4. Mes sœurs, elles, elles _____ toujours des bonnes notes dans toutes les matières.

5. Est-ce que dans ton lycée, vous _____ des élèves francophones?

6. Et toi, tu _____ des élèves d'autres pays chez toi de temps en temps?

7. Tu connais une famille qui _____ des jeunes Canadiens pendant un an?

CULTURE CHAPITRE **4**

8 GÉOCULTURE Trouve la fin de chaque description dans la boîte.

_____ 1. La place Royale...

_____ 2. Le château Frontenac...

_____ 3. Le Petit-Champlain...

_____ 4. La terrasse Saint-Denis...

_____ 5. L'escalier Casse-Cou...

a. est un bel hôtel.

b. est un quartier d'ateliers d'artistes, de boutiques et de cafés.

c. est une promenade avec vue sur le Saint-Laurent.

d. est l'endroit où Samuel Champlain a fondé Québec.

e. relie la Haute-Ville et la Basse-Ville.

9 FLASH CULTURE Dis si les phrases suivantes sont **vraies (V)** ou **fausses (F).**

_____ 1. Au Québec, le DEC est l'équivalent du bac français.

_____ 2. Les écoles québécoises donnent toutes les fournitures scolaires aux élèves.

_____ 3. Au Québec, on utilise souvent le mot «courriel» pour parler du courrier électronique.

_____ 4. Les claviers d'ordinateurs français ont des lettres avec des accents à la place des nombres.

10 COMPARAISONS Réponds aux questions suivantes.

1. À quelle heure commence et finit une journée typique dans un lycée français?

_____

2. Combien de temps est-ce qu'on a pour manger à midi?

_____

3. Quels sont trois endroits où les élèves peuvent déjeuner?

_____

4. Qu'est-ce que c'est, un demi-pensionnaire?

_____

5. Donne deux autres noms pour «la cantine».

_____

Holt French 2 **34** Cahier d'activités

VOCABULAIRE 2/GRAMMAIRE 2

11 Lis chaque description et devine le mot qui manque. Puis trouve et encercle ce mot dans le puzzle. Retrouve les six autres mots cachés.

1. L'_____ du lycée, c'est http://www.lycéemistral.fr.

2. Tiens, il y a des _____ différentes sur les claviers français!

3. Non, cet _____ est vraiment trop petit. On ne voit rien!

4. Pour ouvrir ton e-mail, il faut _____ ici, sur «Courrier».

5. J'adore _____ des CD pour mes copains!

```
U  O  R  D  I  N  A  T  E  U  R  X  L  I  C
T  Q  A  C  C  U  E  I  L  T  Y  G  R  M  L
O  Z  L  A  D  R  E  S  S  E  P  R  D  P  I
U  W  I  G  R  H  O  E  W  U  K  A  S  R  Q
C  N  S  W  E  I  G  Y  E  N  U  V  E  I  U
H  A  T  O  T  C  D  Z  B  B  W  E  Q  M  E
E  I  H  A  U  U  R  N  T  I  N  R  Z  A  R
S  N  E  C  Z  R  H  A  T  U  O  R  S  N  H
O  T  O  M  G  O  I  P  N  F  H  J  V  T  P
R  E  T  O  U  R  P  S  P  O  G  X  C  E  R
```

six mots: _____ _____ _____

_____ _____ _____

12 Claudine explique comment on utilise un ordinateur à son petit frère, mais elle fait des erreurs. Lis ses explications et dis si elles sont **correctes (C)** ou **incorrectes (I).**

_____ 1. Si on a un problème avec son logiciel, on peut regarder dans Aide.

_____ 2. Word est un navigateur.

_____ 3. On peut mettre les sites Internet qu'on aime bien dans Favoris.

_____ 4. On doit taper sur la touche Retour avant de taper l'adresse.

_____ 5. Après une session, il faut démarrer son ordinateur.

_____ 6. Un portable est une sorte d'ordinateur.

_____ 7. On utilise les barres de défilement pour pouvoir voir toute la page.

13 À la cantine, tout le monde parle de ses cours. D'après ce que chacun dit, explique ce que chaque personne suit comme cours. Utilise le verbe **suivre**.

MODÈLE On adore les langues. **On suit un cours d'allemand.**

1. Nous aimons faire des expériences.

_____

2. Vous adorez les ordinateurs.

_____

3. Jean et Théo sont passionnés par les animaux et les plantes.

_____

4. Moi, j'ai envie d'aller travailler à New York plus tard.

_____

5. Toi, tu préfères les arts.

_____

6. Ma copine veut être astronaute.

_____

14 Mets les lettres dans le bon ordre pour former des mots. Ensuite, écris une phrase dans laquelle tu utilises chaque mot de façon logique.

1. G R N I V U E A _____

_____

2. M P M A T E N I R I _____

_____

3. L I E O I L C G _____

_____

4. S S U R O I _____

_____

5. R E G V R A U _____

_____

6. C A R R G E T H E L E _____

_____

VOCABULAIRE 2/GRAMMAIRE 2   CHAPITRE **4**

15 Le proviseur *(principal)* vérifie les horaires du lycée. Joue son rôle et dis à quelle heure les endroits suivants ouvrent. Ensuite, explique depuis combien de temps ils sont ouverts à trois heures de l'après-midi. Utilise **ça fait, il y a** et **depuis**.

MODÈLE

documentaliste / CDI

<u>La documentaliste ouvre le CDI à huit heures, alors ça fait sept heures qu'il est ouvert.</u>

1. vous / laboratoire   2. je / salle d'étude   3. Paulette et Léa / cantine

_____   _____   _____
_____   _____   _____
_____   _____   _____
_____   _____   _____

4. M. Pi / salle   5. Éric, tu / gymnase   6. nous / infirmerie
   d'informatique

_____   _____   _____
_____   _____   _____
_____   _____   _____
_____   _____   _____

Holt French 2   37   Cahier d'activités

16 Lis cet article, puis indique si les phrases suivantes sont **vraies (V)** ou **fausses (F).** Ensuite, justifie chaque réponse en résumant une phrase du texte qui montre que la réponse est vraie ou fausse.

L'informatique dans les écoles canadiennes

L'apprentissage de l'informatique et l'utilisation des nouvelles technologies deviennent de plus en plus importants dans les écoles canadiennes. On trouve aujourd'hui des ordinateurs dans beaucoup de salles de classe, de la maternelle à l'université. Presque toutes les écoles canadiennes ont aussi accès à Internet et en moyenne, il y a un ordinateur pour dix élèves. L'ordinateur est considéré comme un outil de travail intellectuel, un outil de communication et un outil d'apprentissage.

   Tout commence à la maternelle, où on apprend d'abord à utiliser l'ordinateur. Ensuite, au lycée, on apprend aux élèves à utiliser des logiciels de base et des banques de données, puis à faire de la recherche. Le ministère de l'Éducation du Québec a développé un programme qui permet aux écoles et aux bibliothèques d'obtenir des cédéroms et des logiciels éducatifs à des prix très intéressants. Un autre programme permet aussi d'obtenir et de réparer les vieux ordinateurs des administrations publiques et privées pour les donner ensuite aux écoles.

_____ 1. Il n'y a pas de cours d'informatique dans les écoles canadiennes.

_____

_____ 2. Dans beaucoup d'écoles canadiennes, les élèves peuvent surfer le Net.

_____

_____ 3. L'ordinateur est un outil avec lequel on apprend et on communique.

_____

_____ 4. À la maternelle, les élèves apprennent à utiliser plusieurs logiciels.

_____

_____ 5. Les cédéroms et les logiciels sont trop chers pour les écoles et les bibliothèques canadiennes.

_____

_____ 6. Les administrations québécoises peuvent donner leurs vieux ordinateurs aux écoles.

_____

RÉVISIONS CUMULATIVES

17 Explique où ces jeunes sont sûrement d'après ce qu'ils disent.

1. Sophie: «J'ai très faim aujourd'hui! J'espère qu'il y a de la pizza au menu.»

   _____

2. Julien: «Pardon, monsieur. Où sont les blouses et les lunettes?»

   _____

3. Céline: «Je me demande si Anthony va encore perdre son match.»

   _____

4. Mohammed: «Ça ne va pas trop, madame. J'ai mal à la tête et je suis très fatigué ce matin.»

   _____

5. Coralie: «Je voudrais emprunter un livre de Victor Hugo pour mon cours de français, s'il vous plaît.»

   _____

6. Amadou: «Ça m'énerve! Je n'arrive pas à imprimer mon document.»

   _____

18 Tu participes à un sondage sur les jeunes et l'informatique. Réponds aux questions de la personne qui fait l'interview avec des phrases complètes.

1. Il y a combien de temps que tu sais utiliser un ordinateur?

   _____

2. Est-ce que tu suis des cours d'informatique au lycée? Ça fait combien de temps?

   _____

3. Tu préfères quelle sorte d'ordinateur?

   _____

4. Est-ce que tu as un ordinateur à la maison? Depuis quand?

   _____

5. Tu sais comment on grave un DVD ou un CD? Explique-moi.

   _____

6. Qu'est-ce que tu utilises comme navigateur pour surfer sur Internet?

   _____

RÉVISIONS CUMULATIVES CHAPITRE **4**

19 Larissa et Patrice parlent de leur ami Manu qui a eu un problème à l'entraînement ce matin. Complète leur conversation de façon logique.

Patrice Est-ce que (1) _____ est arrivé à Manu à l'entraînement?

Larissa Euh... oui, il est allé (2) _____.

Patrice Ah oui? C'est grave?

Larissa Ben, (3) _____ ne sait, mais l'infirmière a demandé à (4) _____ d'aller chercher les affaires de Manu au gymnase.

Patrice Zut alors! Pauvre Manu!

Larissa Oui, tu sais, sa copine m'a dit qu'il a des problèmes de santé (5) _____ plusieurs mois.

Patrice Ah oui? Tu (6) _____ as parlé quand?

Larissa Hier. Je l'ai vue à la récréation.

Patrice Qu'est-ce qu'on fait? On va voir Manu à l'infirmerie?

Larissa Non, il a dit qu'il ne veut voir (7) _____!

Patrice C'est bizarre! Qu'est-ce qu'on peut faire?

Larissa Malheureusement, (8) _____ du tout!

20 Tu surfes sur Internet quand tu vois ce message. Essaie d'aider ce pauvre garçon!

> ● ● ● ✉ E-mail
>
> À l'aide! Tout va de travers avec mon nouvel ordinateur depuis ce matin! Je dois faire une recherche sur Internet mais rien ne marche et ça m'énerve! Savez-vous comment on ouvre une session Internet? Aidez-moi, s'il vous plaît.

_____

_____

_____

_____

_____

_____

Une journée typique

1 Associe chaque action à un objet de la boîte.

_____ 1. se maquiller

_____ 2. se brosser les dents

_____ 3. se laver

_____ 4. se raser

_____ 5. se coiffer

a. le dentifrice
b. le sèche-cheveux
c. le rasoir électrique
d. le rouge à lèvres
e. le gel douche

2 Aïcha parle de sa routine du matin. Mets les phrases dans l'ordre logique.

_____ Ensuite, je me brosse les dents et je me maquille pendant que ma mère range la cuisine.

_____ En premier, je prends une douche et en même temps, je me lave les cheveux.

_____ Je m'habille avant d'aller prendre mon petit-déjeuner, puis je descends à la cuisine et je mange des toasts et je bois un jus de fruit.

_____ Chaque matin, mon réveil sonne à six heures et je me lève à six heures et quart.

_____ Et vers sept heures et demie, je pars pour le lycée.

3 Mets les lettres dans le bon ordre pour former des verbes conjugués. N'oublie pas d'ajouter les accents! Ensuite, utilise chaque verbe conjugué dans une phrase.

MODÈLE SOUV ZEPAPLE   <u>vous appelez</u>

<u>**Vous vous appelez Paul Dumas.**</u>

1. ES NTEVLE _____

_____

2. EM IEPENG _____

_____

3. SE CHESE _____

_____

4. SOUN VEILLRESNO _____

_____

5. ET REAPPSRE _____

_____

VOCABULAIRE 1/GRAMMAIRE 1 CHAPITRE **5**

4 Margot est en pensionnat *(boarding school)* et ça ne se passe pas très bien le matin. Complète sa conversation avec la directrice du lycée avec **tout, toute, tous** ou **toutes.**

Margot (1) _____ les filles veulent se laver en même temps et il n'y a pas assez de douches!

La directrice Ah bon?

Margot Oui, et elles utilisent (2) _____ le savon.

La directrice Je suis désolée. Je vais acheter plus de savon.

Margot Et après, elles prennent (3) _____ les serviettes aussi!

La directrice Ce n'est pas normal. Je vais leur parler.

Margot Et elles restent trop longtemps dans la douche, alors après, (4) _____ le monde est en retard pour les cours. Et pour finir, je veux aussi vous dire que (5) _____ les miroirs des salles de bains sont cassés!

5 Décris les activités des personnes suivantes, d'après les images. Utilise les pronoms donnés.

1. Moi, je   2. Toi, tu   3. Ma mère   4. Ma sœur

1. _____

_____

2. _____

_____

3. _____

_____

4. _____

_____

6 Tout le monde est en retard chez les Azaoui ce matin et Madame Azaoui n'est pas contente! Qu'est-ce qu'elle dit à ses enfants? Utilise une expression différente dans chaque phrase.

　　1. —Nous avons cours dans cinq minutes et nous ne sommes pas prêts.

　　　　—Les enfants, _____ !

　　2. —Je ne trouve pas le déodorant et je dois me sécher les cheveux, maman!

　　　　—Fatima, _____ !

　　3. —Ahmed prend un bain depuis une heure!

　　　　—Ahmed, _____ !

　　4. —J'ai fini de m'habiller.

　　　　—Bon alors, _____ ?

　　5. —Maman, on est tous prêts.

　　　　—Alors, _____ ?

7 Écris un paragraphe pour décrire la routine quotidienne de ta famille le matin. Utilise les expressions de la boîte.

chaque	avant de	ensuite	en premier
en même temps que	pendant que	en retard	tout/toute/tous/toutes

_____

_____

_____

_____

_____

_____

_____

_____

_____

_____

8 GÉOCULTURE Trouve l'endroit qui est décrit dans chaque phrase.

a. le Parlement de Bretagne	**b. les portes Mordelaises**	**c. l'Opéra de Rennes**
d. la place des Lices	**e. la piscine Saint-Georges**	

_____ 1. C'est l'endroit où il y avait des joutes *(medieval tournament)* autrefois.

_____ 2. C'est l'endroit où on peut voir des mosaïques d'Isidore Odorico.

_____ 3. Ce bâtiment est un exemple d'architecture néoclassique.

_____ 4. C'est le palais de justice de Rennes.

_____ 5. C'était l'entrée principale de la ville au 15e siècle.

9 FLASH CULTURE Dis si les phrases suivantes sont **vraies (V)** ou **fausses (F)**.

_____ 1. En France, on finit l'école vers cinq heures.

_____ 2. On prend le goûter le matin avant d'aller à l'école.

_____ 3. À Rennes, il y a un métro.

_____ 4. Dans les boulangeries françaises, on trouve seulement des baguettes.

_____ 5. Les Français font rarement leurs courses dans des supermarchés.

10 COMPARAISONS Réponds aux questions suivantes.

1. Qui est-ce qui organise et finance les transports scolaires en France?

_____

_____

2. Qu'est-ce que c'est, le ramassage scolaire?

_____

_____

3. Où est-ce que les élèves attendent le «pédibus»?

_____

_____

4. C'est quoi, le «vélobus»?

_____

_____

11 Des jeunes Français décrivent ce qu'ils font le soir. Dis si chaque phrase est logique **(L)** ou illogique **(I)**.

_____ 1. Le soir, je me déshabille et ensuite, je me couche.

_____ 2. D'habitude, on se couche de bonne heure, vers une heure du matin.

_____ 3. Nous nous endormons avant de souhaiter une bonne nuit à nos parents.

_____ 4. Une fois que Corinne est rentrée à la maison, elle s'occupe de son petit frère.

_____ 5. Mes sœurs se mettent au lit et après ça, elles mettent leurs chemises de nuit.

12 Les parents de Sylvie et de Nicolas leur disent ce qu'ils doivent faire aujourd'hui. Qu'est-ce qu'ils disent?

_____ 1. J'ai mangé beaucoup de gâteau.

_____ 2. Il est dix heures et demie du soir.

_____ 3. Nous sommes en retard pour aller au lycée.

_____ 4. Il cinq heures de l'après-midi.

_____ 5. J'ai une interro de maths demain matin.

> a. Alors, c'est l'heure d'aller te coucher.
> b. Il est temps de rentrer à la maison.
> c. Va faire tes devoirs!
> d. Tu devrais te brosser les dents.
> e. Dépêchez-vous!

13 Amina décrit la soirée d'hier de sa famille. Ajoute les terminaisons qui conviennent **(-e, -s, -es, –)** aux participes passés.

Hier soir, mon frère et moi, nous nous sommes (1) dépêché_____ de rentrer du lycée à cinq heures. Je me suis (2) lavé_____ les mains et j'ai mangé une tartine au chocolat. Après ça, mon frère s'est (3) occupé_____ de notre petite sœur et moi, j'ai fait mes devoirs. Mes parents sont rentrés, ma mère a regardé un peu la télé et après, elle (4) s'est levé_____ pour aider mon père à faire la cuisine. Nous avons mangé et après, mon frère s'est (5) brossé_____ les dents. Moi, je me suis (6) peigné_____ et mes parents, eux, ils se sont (7) douché_____. Ma mère et moi, nous nous sommes (8) déshabillé_____ dans nos chambres, puis on a tous regardé un film en DVD, mais mon frère s'est (9) endormi_____ pendant le film. Finalement, toute la famille (10) s'est couché_____ vers onze heures.

14 Toute la famille Lemaire a de bonnes intentions pour demain. Qu'est-ce que chaque personne va faire? Fais des phrases complètes.

1. Maman / devoir / s'occuper / affaires / bureau

_____

2. Moi, je / aller / se lever / tôt

_____

3. Les garçons / vouloir / se mettre au lit / 11 heures au plus tard

_____

4. Nous / aller / tous / s'endormir / de bonne heure

_____

5. Vous, les filles, vous / devoir / se laver avant d'aller au lit

_____

6. Et toi, Dominique, tu / ne pas vouloir / se coucher / tard

_____

15 Jean-Louis s'occupe de ses petits cousins ce soir. Qu'est-ce qu'il leur dit de faire ou de ne pas faire?

1. Ses cousins ont les dents sales.

_____

2. Sa cousine veut se coucher dans la chambre de ses parents.

_____

3. Il est minuit et Jean-Louis et ses cousins doivent aller au lit.

_____

4. Sa cousine ne doit pas se laver les mains dans la cuisine.

_____

5. Jean-Louis et ses cousins sont encore habillés. Ils doivent mettre leurs pyjamas.

_____

6. Ses cousins doivent s'occuper du chat avant d'aller se coucher.

_____

VOCABULAIRE 2/GRAMMAIRE 2

16 Elsa rend visite à ses cousins Théo et Léa. Décris ce qu'ils ont fait hier soir en utilisant le passé composé.

1. Théo...

_____

_____

_____

2. Théo...

_____

_____

_____

3. Léa...

_____

_____

_____

4. Léa et Elsa...

_____

_____

_____

5. Elsa...

_____

_____

_____

6. Théo...

_____

_____

_____

17 Lis cet article qui présente des statistiques sur les habitudes des Français en ce qui concerne leur toilette. Ensuite, réponds aux questions qui suivent.

Quelques statistiques sur la toilette en France

- Plus de 95% des Français ont une douche ou/et une baignoire.

- Dans l'ensemble, ils préfèrent prendre une douche plutôt qu'un bain.

- Les Français sont les plus grands consommateurs de produits de beauté et de cosmétiques: ils dépensent en moyenne 100 euros par personne par an.

- Le savon est aujourd'hui moins populaire que le gel douche: 75% des Français utilisent des gels douches.

- Les produits d'hygiène les plus achetés sont (dans l'ordre): les produits pour les cheveux (shampooings, après-shampooings, produits pour se coiffer); les produits pour se raser (crèmes, mousses, lotions après-rasage); les déodorants; les produits de beauté et le maquillage.

- Aujourd'hui, les Français achètent en moyenne huit tubes de dentifrice et quatre brosses à dents par personne par an. La brosse à dents électrique est très populaire avec les enfants.

- Dans l'ensemble, les hommes passent de plus en plus de temps devant le miroir de la salle de bains le matin.

---

1. D'après l'article, comment est-ce qu'on préfère se laver en général en France?

   _____

2. Est-ce qu'on utilise beaucoup de savons pour la toilette?

   _____

3. Quels types de produits pour la toilette est-ce que les Français achètent le plus?

   _____

4. Combien est-ce que les Français dépensent par an en produits de beauté?

   _____

5. Combien on achète de tubes de dentifrice et de brosses à dents par an?

   _____

6. Aujourd'hui, qui met le plus de temps à se préparer le matin?

   _____

RÉVISIONS CUMULATIVES

18 Un journaliste français fait un sondage sur la routine quotidienne des jeunes Américains. Réponds à ses questions avec des phrases complètes.

1. Ce matin, à quelle heure est-ce que tu t'es réveillé(e)?

    _____

2. D'habitude, qu'est-ce que tu fais pour te préparer le matin?

    _____

3. Et le soir, qu'est-ce que tu fais une fois que tu es rentré(e) à la maison?

    _____

4. Après le dîner, qu'est-ce que ta famille fait d'habitude?

    _____

5. Qu'est-ce que tu as fait hier soir avant de te coucher?

    _____

6. Le soir, tu te couches de bonne heure en général?

    _____

19 Décris ce que Matthias fait le matin. Utilise des expressions appropriées pour dire dans quel ordre il fait chaque activité et ajoute des détails.

_____

_____

_____

_____

20 Marie et son frère Gilles sont très en retard pour aller au lycée ce matin. Complète leur conversation de façon logique.

Gilles　Marie, tu (1) _____ ou pas?

Marie　Euh... non, je ne suis pas encore prête. Je dois

(2) _____ mais je ne trouve pas mon

mascara.

Gilles　Dis, tu sais où est le (3) _____. Je voudrais

me brosser les dents avant de partir.

Marie　Oui, il est sur le (4) _____ dans la salle de

bains. Mais...! Tu ne (5) _____ pas?

Gilles　Non, il n'y a plus de crème à raser.

Marie　Oh là là, Gilles! Il est déjà sept heures et demie!

(6) _____ de partir ou bien on

va être en retard pour prendre le bus.

Gilles　Mais dis, à quelle heure est-ce que le réveil

(7) _____ ce matin?

Marie　À six heures, comme d'habitude, mais nous

(8) _____ plus tard qu'hier.

On va être en retard! (9) _____, Gilles!

Gilles　Moi, c'est sûr, demain, je (10) _____ plus

tôt!

21 Karine et Sofia ont de très mauvaises habitudes. Lis ce qu'elles disent et donne-leur un conseil pour chaque problème. Utilise l'impératif.

1. Nous nous levons toujours trop tard le matin et on arrive en retard au lycée.

_____

2. Moi, je traîne à la salle de bains et je mets une heure pour m'habiller.

_____

3. Nos parents n'aiment pas qu'on mette *(put on)* du maquillage.

_____

4. Carine se réveille à six heures mais elle ne se lève pas avant sept heures.

_____

Le bon vieux temps

CHAPITRE **6**

VOCABULAIRE 1/GRAMMAIRE 1

1 Julie parle de son enfance. Mets les lettres dans le bon ordre et complète chaque phrase avec le mot ou l'expression qui convient.

UIQCER	CSARFE	ALRMLEE
ÉPRHECHATC	SSSIEDN MSEAIN	

1. Les petites filles aimaient bien jouer à la _____ dans la rue.

2. Quelquefois, on allait au _____ pour voir les clowns et les animaux.

3. Mon cousin et moi, nous faisions toujours des _____ très marrantes.

4. Le mercredi après-midi, il y avait souvent des _____ à la télé.

5. De temps en temps, on aimait bien jouer à _____ dans le parc avec nos copains.

2 Stéphane parle de sa famille. Récris chaque phrase en ajoutant l'adverbe entre parenthèses à l'endroit qui convient.

MODÈLE Je faisais des châteaux de sable à la plage. (de temps en temps)

De temps en temps, je faisais des châteaux de sable à la plage.

OR **Je faisais des châteaux de sable à la plage de temps en temps.**

1. Mes parents jouent aux dames. (rarement)

_____

2. Mes frères et moi, nous ne jouons plus au train électrique. (maintenant)

_____

3. Ma famille va jouer au ballon au parc le samedi. (normalement)

_____

4. Mon petit frère joue aux billes. (comme ci comme ça).

_____

5. Quand elle était petite, ma mère sautait à la corde. (bien)

_____

51

3 Complète la conversation entre Noah et sa tante avec l'imparfait des verbes entre parenthèses.

Noah Est-ce que les petits garçons (1) _____ *(jouer)* au train électrique quand tu étais petite, Tatie?

La tante Non, nous (2) n'_____ *(avoir)* pas de train électrique, mais mon frère (3) _____ *(s'amuser)* souvent aux billes.

Noah Et vous, les filles, qu'est-ce que vous (4) _____ *(faire)?*

La tante Moi, j' (5) _____ *(adorer)* jouer à la marelle. Et puis, mes amies et moi, nous (6) _____ *(sauter)* à la corde aussi.

Noah Et est-ce que vous (7) _____ *(grimper)* aux arbres quelquefois?

La tante Oui, le soir, après l'école. C' (8) _____ *(être)* bien! Après ça, nous (9) _____ *(manger)* en famille. Ensuite, on (10) _____ *(prendre)* un chocolat chaud et on (11) _____ *(commencer)* une partie de dames, mais nous ne la (12) _____ *(finir)* jamais parce qu'on devait se coucher.

4 Fais des phrases complètes avec les fragments ci-dessous en utilisant le passé composé et l'imparfait. Attention au choix des temps!

1. quand / Patrick / être / petit / il / collectionner / timbres

_____

2. à ce moment-là / notre chat / grimper dans l'arbre

_____

3. hier / Margot / aller / parc / et / elle / faire / balançoire

_____

4. une fois / Pierre / faire de la bascule / et / il / tomber

_____

5. dimanche / il / faire / très beau / et / il / y avoir / du monde / à la plage

_____

6. ma cousine et ses copines / jouer à la poupée / quand / elles / être / petites

_____

52

VOCABULAIRE 1/GRAMMAIRE 1

5 Le correspondant ivoirien de Sonia voudrait savoir ce qu'on faisait dans sa famille quand elle était petite. Écris ses questions, d'après les réponses de Sonia.

1. —_____

—Quand on avait huit ans, mes amies et moi, nous aimions sauter à corde.

2. —_____

—Les timbres, non, mais je collectionnais les poupées quand j'étais petite.

3. —_____

—Non, mon frère et ses copains ne jouaient jamais aux petites voitures, mais quelquefois, ils jouaient au train électrique.

4. —_____

—Non, nous allions rarement au cirque. Mes parents n'aimaient pas ça.

5. —_____

—Oui, un jour pendant que je jouais dans le jardin, je suis tombée d'un arbre.

6 Décris ce qui est arrivé à Lucas samedi dernier. Utilise des expressions comme **pendant que, alors que, à ce moment-là, heureusement** et **finalement.**

1.   2.   3.   4.

1. _____

_____

2. _____

_____

3. _____

_____

4. _____

_____

CULTURE

7 GÉOCULTURE Dans la boîte, trouve la description qui correspond à chaque chose de la liste de gauche.

_____ 1. le biniou

_____ 2. les Tombées de la nuit

_____ 3. la Poterie

_____ 4. la Vilaine

_____ 5. Tri Yann

a. un groupe de musique celtique
b. une rivière qui passe à Rennes
c. une station de métro à Rennes
d. une sorte de cornemuse
e. un festival avec beaucoup de spectacles

8 FLASH CULTURE Complète chaque phrase avec le(s) mot(s) qui convient (conviennent).

1. En été, les enfants français de 6 à 16 ans peuvent passer leurs vacances en _____ où ils peuvent faire de nombreux sports et activités.

2. Le jeu des mille bornes et le jeu des petits chevaux sont des _____ typiquement français.

3. Dans les restaurants de Bretagne, on peut goûter des crêpes et des _____, les spécialités de la région.

4. En France, on mange souvent des crêpes le 2 février, le jour de la _____.

5. Boule et Bill sont les héros d'une _____.

9 COMPARAISONS Réponds aux questions suivantes.

1. Quels sont deux endroits où on peut acheter des produits frais en France?

_____

_____

2. Donne trois exemples de produits qu'on peut acheter directement à la ferme en France.

_____

_____

3. Qu'est-ce que c'est, une «ferme pédagogique et de découverte»?

_____

_____

VOCABULAIRE 2/GRAMMAIRE 2

10 Henri te parle des vacances qu'il passait à la ferme de ses grands-parents. Associe ce qu'Henri dit aux images.

_____ 1. À la ferme de mes grands-parents, le paysage était tellement joli, surtout en hiver. Tout était propre et l'air était pur.

_____ 2. Dans la journée, mon grand-père travaillait dans les champs avec son tracteur.

_____ 3. Ce qui me manque, c'est de boire le bon lait des vaches de mes grands-parents.

_____ 4. Ce qui était bien, c'était d'aider mon grand-père à donner à manger aux moutons.

_____ 5. Il y avait toujours des poules qui se promenaient près de la grange.

_____ 6. Dans la prairie près du village, il y avait un beau cheval.

_____ 7. Je montais à cheval tous les matins.

_____ 8. Ma grand-mère allait chercher les œufs tôt le matin et préparait une omelette pour le petit-déjeuner.

a.

b.

c.

d.

e.

f.

11 Choisis le(s) mot(s) le(s) plus logique(s) pour compléter chaque phrase.

  1. La vie au village est très _____ (tranquille / dangereuse).

  2. À la campagne, il y a _____ (plus de / autant de) chèvres qu'en ville.

  3. La vie à la ferme est _____ (aussi que / différente de) la vie à Rennes.

  4. Moi, j'aime _____ (la moins de / autant) la Bretagne que la Normandie.

  5. Je trouve que les chevaux sont _____ (les plus / moins) beaux animaux de la ferme de mon oncle.

  6. À la ferme de mes parents, il y a _____ (plus de / plus) vaches qu'à la ferme de leurs amis.

12 Fais des comparaisons logiques en utilisant les adjectifs donnés avec **plus... que, aussi... que** ou **moins... que.**

  1. (pollué) Les grandes villes sont souvent
     _____ les petits villages.

  2. (stressant) À mon avis, la vie à la campagne est
     _____ la vie en ville.

  3. (vivant) Je pense que la vie à Montréal est
     _____ la vie à Québec.

  4. (tranquille) La campagne française est sûrement
     _____ la campagne américaine.

  5. (bruyant) La vie dans une ferme à la campagne est
     _____ la vie dans un appartement au centre-ville.

  6. (sale) À mon avis, les cochons sont
     _____ les ânes.

56

VOCABULAIRE 2/GRAMMAIRE 2

13 Théodore et Annabelle ne sont jamais d'accord. Lui, il adore la ville. Elle, elle préfère la campagne. Joue le rôle de Théodore et réponds à Annabelle. Utilise le comparatif ou le superlatif des adjectifs donnés.

1. —La vie est bonne à la campagne.

   —Mais non, la vie est _____ en ville!

2. —Les légumes sont meilleurs au village.

   —Mais non, les légumes sont _____ au village!

3. —Les cochons sont les meilleurs animaux de la ferme.

   —Mais non, les cochons sont _____ animaux!

4. —Le lait des vaches de Tatie est meilleur que le lait qu'on achète en ville.

   —Mais non, il est _____ en ville!

5. —Le fromage de ferme est meilleur que le fromage du supermarché.

   —Mais non, il est _____ que celui du supermarché!

14 Donne une opinion de chaque endroit ou chose en utilisant le superlatif (**le plus** / **le moins**).

   MODÈLE La route du village de Bréau / route / région

   La route du village de Bréau, c'est la route la plus dangereuse de la région.

1. L'âne / animal / ferme / bruyant

   _____

2. Rennes / ville / Bretagne / intéressant

   _____

3. Les villages de Bretagne / villages / France

   _____

4. La campagne / endroit / pays / calme

   _____

5. Paris / ville / France / vivante

   _____

5. Les villes françaises / ville / belle

   _____

15 Lis cette petite histoire pour enfants, puis réponds aux questions qui suivent.

> ## La poule et le lapin
>
> Il était une fois une petite poule qui aimait se promener dans la campagne, près de la ferme où elle habitait. Un jour, alors qu'elle passait dans le champ du fermier Girard, elle a entendu un bruit bizarre. Elle a vite regardé dans la direction de ce bruit et elle a vu des œufs qui roulaient dans la prairie. Elle s'est demandé d'où pouvait bien venir ces œufs. À ce moment-là, elle a vu un lapin qui arrivait. Il courait après les œufs. La poule a décidé d'aider le lapin à rattraper les œufs, mais malheureusement, ils n'ont pas réussi et tous les œufs se sont cassés sur la porte de la grange. Le lapin était très triste et il a commencé à pleurer. La poule lui a demandé où il avait eu les œufs. Le lapin lui a expliqué qu'il avait acheté les œufs au marché du village pour les donner à ses enfants pour Pâques. Alors, la poule, qui était très gentille, a dit au lapin de ne plus pleurer, et pour l'aider, elle a fait trois nouveaux œufs pour les enfants du lapin.

1. Où se passe cette histoire?

   _____

2. Qui sont les deux personnages principaux de l'histoire?

   _____

3. Que faisait la poule quand elle a vu les œufs?

   _____

4. Est-ce que le lapin et la poule ont réussi à rattraper les œufs? Explique ce qui s'est passé.

   _____

   _____

5. Pourquoi est-ce que le lapin était triste?

   _____

   _____

6. Qu'est-ce que la poule fait à la fin de l'histoire?

   _____

   _____

RÉVISIONS CUMULATIVES

16 Réponds aux questions suivantes pour un sondage ou si tu préfères, invente des réponses.

1. À quoi est-ce que tu jouais souvent quand tu étais petit(e)?

_____

_____

2. Qu'est-ce que tu faisais quand tu étais plus jeune que tu ne fais plus maintenant?

_____

_____

3. Est-ce que ta famille allait à la campagne de temps en temps quand tu étais petit(e)? Qu'est-ce que vous faisiez là-bas? C'était comment?

_____

_____

4. Et maintenant, tu aimes la campagne? Pourquoi ou pourquoi pas?

_____

_____

5. Est-ce que ta vie est plus ou moins intéressante aujourd'hui? Pourquoi?

_____

_____

17 Quand tu étais petit(e), quel était ton jeu ou jouet *(toy)* préféré? Écris un paragraphe pour décrire quand et/ou comment tu jouais avec ce jeu ou jouet. Explique pourquoi c'était ton jeu ou jouet préféré. Utilise l'imparfait, le comparatif et le superlatif.

_____

_____

_____

_____

_____

_____

RÉVISIONS CUMULATIVES CHAPITRE **6**

18 Raconte quelque chose d'intéressant qui s'est passé quand tu étais petit(e). Utilise le passé composé, l'imparfait et des mots appropriés pour relier *(link)* les phrases. Écris au moins six phrases.

_____

_____

_____

_____

_____

_____

_____

_____

_____

_____

19 Qu'est-ce que tu préfères, habiter en ville ou à la campagne? Pourquoi? Compare les deux endroits et donne au moins quatre raisons pour expliquer ton choix.

_____

_____

_____

_____

_____

_____

_____

_____

_____

_____

_____

Un week-end en plein air

1 Des amis parlent de leur week-end de camping. Complète chaque phrase avec le terme qui convient.

réchaud	gourde	boussole
désinfectant	briquet	lampe de poche

1. Figure-toi qu'on n'avait pas de _____ alors on n'a pas pu faire de feu de camp.

2. Paul était en train de chercher du _____ dans la trousse de premiers soins quand Sophie est tombée de son fauteuil pliant.

3. Il faisait chaud et on avait soif. Heureusement, on avait tous notre _____

4. Au moment où nous avons allumé notre _____, nous avons vu un gros serpent!

5. Jérémy a préparé un excellent dîner sur notre _____.

6. Isabelle s'est perdue en faisant une randonnée et comme elle n'avait pas de _____, elle a difficilement retrouvé notre camping.

2 Choisis le temps du verbe qui convient pour compléter chaque phrase.

_____ 1. L'été dernier, vous _____ dans les Alpes, non?

      a. avez campé   b. campiez

_____ 2. Il _____ très beau quand nous sommes arrivées au camping.

      a. a fait   b. faisait

_____ 3. Je _____ de démonter la tente quand il a commencé à pleuvoir.

      a. suis venu   b. venais

_____ 4. D'abord, mes parents _____ les boîtes de conserve. Ensuite, on a allumé le réchaud.

      a. ont ouvert   b. ouvraient

_____ 5. À ce moment-là, tu _____ la bouteille isotherme.

      a. as perdu   b. perdais

_____ 6. Nous _____ notre moustiquaire parce qu'il y avait beaucoup de moustiques.

      a. avons utilisé   b. utilisions

3 Tout le monde cherche quelqu'un ou quelque chose ce matin. Ajoute les terminaisons qui conviennent (**–, s, e, es**) aux participes passés.

1. Où est la gourde? Tu l'as sorti_____?

2. Marc et Amadou? Ils sont déjà remonté_____ dans la voiture?

3. Corinne a sorti_____ la lotion anti-moustiques?

4. Les filles? Oui, elle sont descendu_____ à la rivière, je crois.

5. Yves et Sylvain sont passé_____ au bureau du camping pour prendre un plan?

6. Les allumettes? Oui, je les ai passé_____ à Monique.

4 De quoi ces personnes ont-elles besoin? Associe chaque phrase à l'image qui correspond.

_____ 1. Quoi? Tu l'as oubliée? Mais où est-ce qu'on va dormir?

_____ 2. Donne-les à Manu pour qu'il allume la lanterne!

_____ 3. Sonia est à la plage? Mais il fait beaucoup trop chaud à cette heure-ci!

_____ 4. Oh là là! Isabelle était en train de monter la tente et elle est tombée!

a.

b.

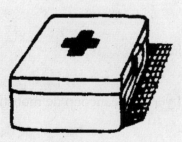

c.

d.

VOCABULAIRE 1/GRAMMAIRE 1 CHAPITRE **7**

5 Noémie fait du camping avec ses amis. Complète ses phrases avec le passé composé des verbes entre parenthèses. Attention au choix de l'auxiliaire et à l'accord du participe passé.

1. Koffi, tu _____ (monter) la tente?

2. Marie, pourquoi tu _____ (sortir) du camping sans nous?

3. Moi, j(e) _____ (passer) l'ouvre-boîte à Nathan.

4. Les garçons, vous _____ (sortir) la moustiquaire?

5. Nadia et Rachid _____ (descendre) au lac.

6. Jeanne et moi, nous _____ (monter) dans un arbre.

6 D'après ce que ces personnes ont ou ce qu'elles font, explique ce qu'elles sont probablement en train de faire. Suis le modèle.

MODÈLE Isidore a un ouvre-boîte.

Il est en train d'ouvrir une boîte de conserve.

1. Mon père et mon oncle ont un allume-gaz.

_____

2. J'ai ouvert la bouteille isotherme.

_____

3. Tu as allumé le réchaud.

_____

4. Tran regarde dans la trousse de premiers soins.

_____

5. Vous n'aimez pas les moustiques.

_____

6. Nous essayons d'installer les piquets *(stakes)* de notre tente.

_____

CULTURE

7 GÉOCULTURE Trouve les associations logiques entre les endroits à gauche et les termes de la boîte.

_____ 1. l'île de Gorée

_____ 2. Soumbédioune

_____ 3. Kermel

_____ 4. la Grande Mosquée

_____ 5. la place de l'Indépendance

| a. un lieu de prière |
| b. un marché de poissons |
| c. le cœur de Dakar |
| d. un quartier résidentiel |
| e. des produits d'artisanat |

8 FLASH CULTURE Dis si les phrases suivantes au sujet du Sénégal sont **vraies (V)** ou **fausses (F)**.

_____ 1. La pêche est l'industrie qui rapporte le plus au Sénégal.

_____ 2. Il n'y a ni serpent ni scorpion au Sénégal.

_____ 3. Il est interdit de faire de la plongée sous-marine sur la presqu'île du Cap Vert.

_____ 4. Le nom «Sénégal» viendrait d'un mot wolof qui siginifie «pirogue».

_____ 5. Si on veut faire du camping au Sénégal, on a besoin d'une bonne moustiquaire.

9 COMPARAISONS Réponds aux questions suivantes au sujet du camping en France.

1. Où est-ce qu'on peut faire du camping en France?

_____

_____

2. C'est quoi, le camping sauvage? On a le droit d'en faire?

_____

_____

3. Comment sont classés les campings français?

_____

_____

4. Qu'est-ce qu'on trouve en général dans les terrains de camping français?

_____

_____

VOCABULAIRE 2/GRAMMAIRE 2

10 Complète les mots-croisés suivants avec les termes qui conviennent.

HORIZONTAL
1. synonyme de «forêt»
3. la mouche en est un

VERTICAL
2. oiseau qu'on voit souvent près de la mer
4. on les attrape à la pêche
5. dans les histoires, elle devient parfois un prince
6. elles sont jolies dans un vase

11 Choisis la forme du futur qui convient pour compléter chaque phrase.

_____ 1. Tout à l'heure, nous _____ nous promener dans le bois.

      a. irons   b. irai   c. iront

_____ 2. Pascal _____ content de pouvoir aller à la pêche.

      a. seras   b. serai   c. sera

_____ 3. La prochaine fois, vous _____ sûrement des lézards.

      a. verrai   b. verrez   c. verront

_____ 4. Tu _____ bien les sentiers, d'accord?

      a. suivras   b. suivrai   c. suivra

_____ 5. Je me _____ peut-être avec des tortues de mer.

      a. baignerai   b. baignera   c. baigneras

_____ 6. Les enfants _____ de ce voyage pendant longtemps!

      a. parlerons   b. parleront   c. parlera

VOCABULAIRE 2/GRAMMAIRE 2   CHAPITRE **7**

12 Joséphine et son frère parlent d'un voyage au Sénégal qu'ils vont faire l'été prochain. Indique de quoi ils parlent.

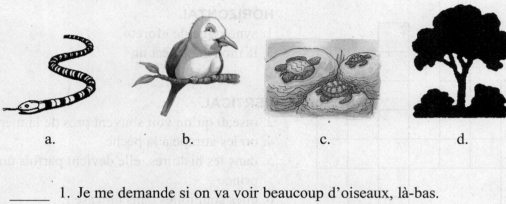

a.   b.   c.   d.

_____ 1. Je me demande si on va voir beaucoup d'oiseaux, là-bas.

_____ 2. Est-ce qu'il va y avoir des serpents, à ton avis?

_____ 3. Tu crois qu'on va pouvoir grimper dans les arbres?

_____ 4. Est-ce que tu sais si on va aller se baigner à la mer? J'aimerais bien voir des tortues, moi!

13 Des touristes visitent un parc national sénégalais et le guide leur explique ce qu'ils feront. Complète les phrases avec le futur des verbes entre parenthèses.

1. Nous _____ (voir) peut-être des serpents, mais n'ayez pas peur!

2. Monsieur Diouma, vous _____ (avoir) l'occasion de voir des araignées très intéressantes.

3. Moi, je _____ (marcher) devant sur les sentiers.

4. Caroline, tu ne _____ (devoir) pas toucher les animaux, d'accord?

5. Est-ce que vous _____ (vouloir) aller à la pêche sur le lac?

6. Les enfants _____ (attendre) toujours les adultes.

VOCABULAIRE 2/GRAMMAIRE 2

14 Qu'est-ce que ces personnes feront, à ton avis, pendant leurs vacances au Sénégal? Utilise des verbes différents au futur et suis le modèle.

> **MODÈLE** Julien déteste les moustiques.
>
> Il **achètera une moustiquaire.**

1. Tu adores les flamants roses et tu as un nouvel appareil photo.

   Je _____.

2. Les enfants vont aller à la pêche.

   Ils _____.

3. Alex va être triste parce que ses parents ne peuvent pas venir.

   Il _____.

4. J'aime faire des randonnées dans la nature.

   Tu _____.

5. Nous voulons parler avec des jeunes Sénégalais.

   Nous _____.

6. Coralie et toi, vous voulez faire du camping dans les bois.

   Vous _____.

15 Imagine que tu vas passer un mois au Sénégal chez ton (ta) correspondant(e). Fais une liste de six questions à lui poser pour savoir ce que vous ferez et verrez là-bas pendant ta visite. Utilise le futur.

_____

_____

_____

_____

_____

_____

_____

_____

_____

Holt French 2   **67**   Cahier d'activités

LECTURE   CHAPITRE **7**

16 Lis cette fiche de conseils pour faire du camping au Sénégal, puis réponds aux questions avec des phrases complètes.

Conseils pratiques pour le camping au Sénégal

Au Sénégal, on peut faire du camping sauvage et dormir à la belle étoile sans problème. Mais attention! Il faut prendre quelques précautions:

1. Il faut bien sûr s'assurer qu'il n'y a pas de serpents ni de scorpions à l'endroit où vous allez vous installer.
2. Il faut toujours rester près du feu de camp.
3. Il faut porter un pyjama et avoir une bonne moustiquaire.

Quelques endroits intéressants pour faire du camping:
Les montagnes du pays Bassari
Un lieu très calme, peu de sentiers, un des plus beaux endroits du Sénégal, mais attention aux serpents et autres animaux.

La forêt de Casamance
Un endroit magnifique avec de grands arbres et une belle végétation. On peut y voir et y entendre de nombreux oiseaux. Cependant, il est conseillé de ne pas dormir à la belle étoile à cause des quantités énormes d'insectes et de serpents venimeux.

La plage
Il peut y faire assez froid la nuit, donc il faut emporter des vêtements chauds. Les meilleures plages pour le camping: les plages de la Petite Côte ou de la côte Dakar-Saint-Louis.

---

1. Si on veut camper au Sénégal, est-ce qu'on doit aller dans un camping?

_____

2. Quels genres d'animaux est-ce qu'on peut rencontrer en faisant du camping?

_____

3. Comment est la forêt de Casamance?

_____

4. Quelles sont deux choses à faire quand on va camper au Sénégal?

_____

5. Où est-ce que tu aimerais camper au Sénégal? Pourquoi?

_____

_____

_____

RÉVISIONS CUMULATIVES

17 Salima te raconte son week-end. Complète sa lettre avec le passé composé, l'imparfait ou le futur des verbes entre parenthèses selon le contexte.

Le week-end dernier, nous (1) _____ (aller) faire du camping dans la forêt. Au départ, tout (2) _____ (être) super. Il (3) _____ (faire) beau et on (4) _____ (penser) bien s'amuser. D'abord, nous (5) _____ (essayer) d'allumer un feu, mais mon père (6) _____ (ne pas trouver) les allumettes et on a abandonné cette idée! Moi, j(e) (7) _____ (décider) d'installer nos affaires. J(e) (8) _____ (être) sur le point de monter la tente quand on (9) _____ (voir) qu'on l'avait oubliée! À ce moment-là, ma mère (10) _____ (crier) très fort. Figure-toi qu'il y (11) _____ (avoir) un gros serpent à côté d'elle! Bref tout (12) _____ (aller) de travers et on (13) _____ (rentrer) à la maison. La prochaine fois que nous allons faire du camping, j'espère que notre week-end (14) _____ (se passer) mieux et que nous (15) _____ (pouvoir) enfin nous amuser!

18 Ton ami Claude veut savoir si tu aimes le camping et la nature. Réponds à ses questions par des phrases complètes.

1. Est-ce que ta famille et toi, vous faites souvent du camping?

   _____

2. Qu'est-ce que vous emportez d'habitude?

   _____

3. Qu'est-ce que vous aimez faire quand vous faites du camping?

   _____

   _____

4. Est-ce que tu vas à la pêche de temps en temps?

   _____

RÉVISIONS CUMULATIVES

19 Julie est allée faire du camping la semaine dernière. Décris son week-end. Parle de l'équipement que tout le monde a emporté et décris cinq choses que différentes personnes du groupe ont ou n'ont probablement pas faites.

_____

_____

_____

_____

_____

20 Hervé va aller faire du camping avec sa famille le mois prochain. Ils parlent de ce qu'ils emporteront et de ce qu'ils feront et verront là-bas. Invente leur conversation. Écris au moins huit phrases et utilise le futur.

_____

_____

_____

_____

_____

_____

_____

_____

Es-tu en forme?

VOCABULAIRE 1/GRAMMAIRE 1

1 Donne les parties du corps qui complètent chaque phrase de façon logique.

estomac	jambes	cerveaux	poignet	doigts

1. Les gens qui ont de longues _____ peuvent parfois courir plus vite.

2. Pour indiquer un nombre, on utilise plusieurs _____.

3 Les élèves qui étudient sérieusement utilisent beaucoup leurs _____.

4. Généralement, on porte une montre au _____.

5. C'est l'organe où se fait la digestion: _____.

2 Trouve la continuation la plus logique à chaque phrase.

_____ 1. Je pense que j'ai de la fièvre, mais je n'en suis pas sûr.

_____ 2. Oh là là! J'ai super mal aux dents.

_____ 3. Aïe! Je me suis coupé le doigt.

_____ 4. Je faisais du ski et je suis tombée.

_____ 5. J'ai le nez qui coule, j'éternue tout le temps et je suis fatigué.

> a. Je vais téléphoner à mon dentiste pour prendre rendez-vous.
> b. Je crois que je me suis cassé la jambe!
> c. J'ai sûrement la grippe. Il faut que j'achète des médicaments.
> d. Il faut que je prenne ma température.
> e. Il est important que je le désinfecte.

3 Associe chaque subjonctif à gauche avec l'infinitif qui lui correspond.

_____ 1. voyiez

_____ 2. aies

_____ 3. aillent

_____ 4. fasse

_____ 5. vienne

_____ 6. soyons

> a. faire
> b. aller
> c. être
> d. avoir
> e. voir
> f. venir

4 Le Docteur Girard donne des conseils à ses patients. Complète ses phrases avec le subjonctif des verbes entre parenthèses.

1. Je suis content que vous _____ (faire) du sport.

2. Il faut que nous _____ (boire) tous beaucoup d'eau!

3. Paula, je suis content que tu _____ (manger) des fruits.

4. Je veux que votre mari _____ (venir) me voir!

5. Il est bon que vos enfants _____ (finir) leurs repas avant de quitter la table.

6. Il faut que j'_____ (attendre) les résultats de votre examen.

5 Donne deux parties du corps que tu associes à chaque chose ou verbe.

1. se fouler: _____

2. écrire: _____

3. les chaussures: _____

4. se casser: _____

5. manger: _____

5. jouer au tennis: _____

6 On a tous besoin d'aide! Donne des conseils avec des expressions qui nécessitent le subjonctif. Utilise un verbe différent dans chaque phrase.

1. —Je me suis coupé la main.

_____

2. —Nous n'arrêtons pas d'éternuer.

_____

3. —Paul a mal aux dents.

_____

4. —Stéphane et Sophie ont besoin de médicaments.

_____

5. —Tes amis et toi, vous n'êtes pas en forme en ce moment.

_____

6. —Tu penses que tu as de la fièvre.

_____

7 Ces gens ont des problèmes. D'abord, demande-leur comment ils se sentent. Puis, donne une hypothèse au sujet de chaque problème représenté sur l'image. Enfin, donne un conseil à chaque personne en utilisant le subjonctif.

1.

2.

3.

4.

1. _____

   _____

2. _____

   _____

3. _____

   _____

4. _____

   _____

CULTURE

8 GÉOCULTURE Associe les personnes à gauche avec leurs professions à droite.

_____ 1. Ousmane Sow

_____ 2. Moussa Sene Absa

_____ 3. Ousmane Sembène

_____ 4. Collé Ardo Sow

_____ 5. Aïssa Dione

a. metteur en scène et acteur de cinéma
b. designer de tissus
c. sculpteur
d. auteur et réalisateur
e. styliste de haute couture et de prêt-à-porter

9 FLASH CULTURE Dis si les phrases suivantes sont **vraies (V)** ou **fausses (F).**

_____ 1. Au Sénégal, l'état veille sur la santé des gens.

_____ 2. Les médecins font des visites à domicile en France, mais pas au Sénégal.

_____ 3. Il n'y a pas de club de gym au Sénégal.

_____ 4. La cuisine sénégalaise est une des plus mauvaises cuisines d'Afrique.

_____ 5. Les cacahuètes sont utilisées dans la cuisine au Sénégal.

10 COMPARAISONS Réponds aux questions suivantes au sujet du système médical français.

1. En plus des médecins, qui a le droit de donner des conseils médicaux en France?

_____

_____

2. Est-ce qu'on a toujours besoin d'une ordonnance pour acheter des médicaments?

_____

_____

3. Qu'est-ce qu'on peut faire dans le cas d'une urgence médicale?

_____

_____

4. Qu'est-ce que c'est, la Sécurité Sociale? Explique son rôle.

_____

_____

Es-tu en forme?

11 Indique si les personnes suivantes ont **a) de bonnes habitudes** ou **b) de mauvaises habitudes.**

_____ 1. Nous nous nourrissons très bien. Nous mangeons beaucoup de fruits et de légumes.

_____ 2. Les parents de Sabine choisissent toujours des produits biologiques.

_____ 3. Tu ne te reposes jamais assez.

_____ 4. Guy fait de l'exercice tous les matins.

_____ 5. Je mange mal et je perds toujours du poids.

12 Trouve et encercle les cinq mots en rapport avec la forme physique dans le puzzle. Ensuite, complète les phrases en dessous avec ces mots.

```
V  I  T  A  M  I  N  E  S  N
R  P  Q  U  E  P  Y  O  G  A
D  O  Z  L  A  D  R  É  S  S
U  M  W  P  G  R  H  O  E  R
L  P  N  P  O  I  D  S  Y  P
T  E  A  T  H  M  C  D  Z  A
H  S  I  H  A  U  P  R  N  T
É  Q  U  I  L  I  B  R  É  T
```

1. Avoir un régime _____ est important pour la santé.

2. Léo veut avoir de beaux bras bien musclés, alors il fait des _____ tous les jours.

3. Je ne veux pas prendre du _____ alors je mange léger.

4. Moi, je fais souvent du _____. C'est une activité physique qui me relaxe beaucoup.

5. J'adore les fruits et les légumes et en plus, c'est plein de _____!

75

VOCABULAIRE 2/GRAMMAIRE 2 CHAPITRE **8**

13 Ces gens ne sont pas très polis! Transforme leurs phrases pour les rendre plus polies. Utilise le conditionnel.

MODÈLE Tu sais où sont les vitamines? **Tu saurais où sont les vitamines?**

1. Tu viens faire des abdominaux avec moi?

_____

2. Est-ce que les Martin veulent vendre leur matériel de yoga?

_____

3. Nous pouvons nous reposer un peu?

_____

4. Est-ce que le médecin nous voit aujourd'hui?

_____

5. Est-ce que j'ai des vitamines à te donner? Euh... oui, tiens.

_____

6. Les enfants, vous finissez vos légumes?

_____

14 Fais des suggestions logiques, d'après ce que ces personnes disent. Utilise *si* + **imparfait.**

MODÈLE Je veux être en forme. **Si tu faisais de l'exercice avec moi?**

1. Nous mangeons des frites et des hamburgers à tous les repas.

_____

2. Vous êtes toujours fatigués la journée et vous n'avez pas d'énergie.

_____

3. Je ne sais pas combien je pèse, mais je pense que j'ai perdu du poids.

_____

4. Mes cousins sont toujours trop stressés.

_____

5. Toi, tu bois seulement du coca.

_____

6. Salima trouve qu'elle est trop grosse.

_____

VOCABULAIRE 2/GRAMMAIRE 2

15 Lisa n'a pas la forme en ce moment. Complète sa conversation avec Malik de façon logique.

Lisa	Oh là là. J'ai très mal dormi hier soir et aujourd'hui,
	(1) _____.
Malik	(2) _____ dans ta chambre.
Lisa	Je ne peux pas! J'ai quatre interros demain, figure-toi!
Malik	Quatre?! (3) _____!
Lisa	Tu l'as dit! (4) _____!
Malik	Attention! Le stress, c'est mauvais pour la santé et il faut prendre
	le temps de (5) _____.
Lisa	C'est vrai. Qu'est-ce que tu me conseilles de faire?
Malik	(6) _____?
Lisa	Oui, pourquoi pas? Et puis, tiens, je crois que je vais aussi
	(7) _____.
Malik	Excellente idée! Tu vas voir, Lisa, (8)
	_____ très rapidement!

16 Décode ces formes verbales au conditionnel, puis utilise chaque forme dans une phrase avec *si* + **imparfait**.

1. V I A D R S E _____

_____

2. I N O S F E R _____

_____

3. N M A R E I G T A _____

_____

4. R A N I I T E _____

_____

5. E I U A R Z _____

_____

6. N P E D R S A I R _____

_____

17 Lis cet article, puis indique si les phrases suivantes sont **vraies (V)** ou **fausses (F).** Ensuite, justifie chaque réponse avec une phrase du texte qui montre que la réponse est vraie ou fausse.

L'EXERCICE PHYSIQUE: POURQUOI ET COMMENT?

Vous avez décidé d'avoir une activité sportive régulière. Vous avez raison car cela va avoir des conséquences positives sur votre santé. Cela va améliorer les fonctions de votre organisme: cœur, poumons, muscles, etc. Vous allez aussi mieux dormir et être moins stressé. Par conséquent, vous allez aussi vous sentir mieux dans votre tête. Mais attention! Il faut suivre quelques règles simples, surtout si vous n'avez jamais pratiqué de sport, si vous avez arrêté depuis longtemps ou si votre poids est trop élevé.

1. Choisissez un sport adapté à vos possibilités. Si vous n'avez jamais fait de sport, commencez par une activité qui exige un effort modéré, comme par exemple le yoga, la marche ou la natation.

2. Pratiquez le sport choisi de façon régulière, par exemple 30 minutes 2 ou 3 fois par semaine.

3. Écoutez votre corps! Si vous avez trop chaud, si vous vous sentez mal, si votre cœur bat trop vite ou encore si vos muscles sont fatigués, arrêtez-vous!

4. Mangez bien (légumes et fruits frais, viandes et poissons grillés) et surtout, prenez un bon petit déjeuner bien équilibré. Buvez beaucoup d'eau et évitez l'alcool et les boissons sucrées.

_____ 1. Le sport est bon pour l'organisme et pour le moral.

_____

_____ 2. Si on n'a pas l'habitude de faire du sport, il faut choisir un sport intense.

_____

_____ 3. Il est bon de faire du sport pendant trois heures une fois par semaine.

_____

_____ 4. Si on ne se sent pas très bien quand on fait du sport, il faut continuer.

_____

_____ 5. Pour être en forme, on doit aussi manger équilibré et léger.

_____

RÉVISIONS CUMULATIVES   CHAPITRE **8**

18 Décris les problèmes de santé des patients du Docteur Djamel.

_____

_____

_____

_____

_____

19 Ton ami, Thomas, qui est toujours malade et qui déteste le sport, participe à un sondage sur la forme physique. Qu'est-ce qu'il répondrait *(would he answer)* aux questions du journaliste? Fais des phrases complètes.

1. Comment te sens-tu aujourd'hui?

    _____

2. Est-ce que tu as souvent des problèmes de santé? Lesquels?

    _____

3. Est-ce que tu manges équilibré?

    _____

4. Qu'est-ce que tu fais comme exercice pour rester en forme?

    _____

5. Et pour te relaxer, qu'est-ce que tu aimes faire?

    _____

RÉVISIONS CUMULATIVES CHAPITRE **8**

20 Patricia a eu un petit accident en sport. Elle est à l'infirmerie, où l'infirmière du lycée s'occupe d'elle et lui donne quelques conseils. Invente leur conversation. Utilise plusieurs verbes au subjonctif.

_____

_____

_____

_____

_____

_____

_____

_____

_____

21 Noël, ton correspondant francophone, et sa famille ont de très mauvaises habitudes. Ils mangent tous mal et ils ne se reposent jamais assez. Tout le monde dans sa famille est malade, stressé ou fatigué! Écris un petit mot à cette famille pour leur donner des conseils. Utilise le conditionnel.

_____

_____

_____

_____

_____

_____

_____

_____

On s'amuse!

VOCABULAIRE 1/GRAMMAIRE 1

1 Nadine travaille à la bibliothèque municipale. Aide-la à ranger les livres suivants dans les rayons appropriés.

_____ 1. *Ma Vie* (Bill Clinton)

_____ 2. *Les Aventures de Sherlock Holmes*

_____ 3. *Le Guide galactique*

_____ 4. *Feuilles d'herbe* (Walt Whitman)

_____ 5. *Hamlet*

a. romans fantastiques
b. romans policiers
c. pièces de théâtre
d. autobiographies
e. recueil de poésie

2 Mohammed parle des films qu'il a vus au cinéma récemment. Complète chaque phrase avec le genre de film qui convient.

film étranger	comédie	film de guerre
film de science-fiction		film d'action

1. Dans ce _____, il y a plein de rebondissements et de suspense. C'est génial.

2. L'histoire est très drôle et les acteurs sont vraiment amusants. Je te recommande cette _____.

3. Ce _____ se passe en 3080 et le héros habite sur la planète Mars.

4. C'est un _____ et je l'ai vu en version originale, alors il y avait des sous-titres.

5. C'est un drame qui se passe en 1940 en Allemagne. C'est un _____ assez déprimant et vraiment trop long.

3 Complète la conversation entre Anne et Yves avec **qui, que, qu'** ou **dont**.

Anne Tu as vu le film américain (1) _____ passe au Ciné Clap?

Yves Celui (2) _____ on a parlé en cours d'anglais?

Anne Oui, le film (3) _____ le prof nous a recommandé.

Yves Non, je ne l'ai pas encore vu. Quels sont les acteurs (4) _____ on peut voir dans ce film déjà?

Anne Il y a l'acteur (5) _____ tu aimes bien... Tu sais, l'acteur (6) _____ la partenaire est française.

Yves Ah oui! Johnny Depp! Il est super comme acteur!

4 Ces personnes parlent de leurs habitudes en ce qui concerne le cinéma et la lecture. Complète les phrases avec le participe présent des verbes entre parenthèses. Ajoute **en** ou **tout en,** si nécessaire.

1. _____ (être) américaine, j'aime bien voir les films américains en version originale et lire des livres en anglais.

2. Quand je voyage en avion, j'achète souvent un bon roman policier _____ (arriver) à l'aéroport.

3. Mes enfants regardent souvent des DVD _____ (faire) leurs devoirs, ce qui ne me plaît pas du tout!

4. Mon mari aime beaucoup les autobiographies parce qu'on peut apprendre beaucoup de choses sur la vie de quelqu'un _____ (lire) un bon livre.

5. _____ (avoir) deux jeunes enfants, nous allons souvent voir des comédies ou des dessins animés.

6. _____ (savoir) qu'il allait y avoir du monde, nous sommes arrivés tôt au cinéma.

5 Fais des phrases complètes avec les fragments ci-dessous pour décrire ces œuvres littéraires célèbres. Ajoute les pronoms relatifs, **qui, que** et **dont** qui conviennent.

1. *Roméo et Juliette* / être / histoire / deux jeunes / s'aimer beaucoup

   _____

2. *Cyrano de Bergerac* / parler / homme / nez / être / très long et très gros

   _____

3. *Le Petit Prince* / raconter / histoire / petit garçon / habiter sur une autre planète

   _____

4. héroïne / *Cendrillon* / être / jeune fille / belle-mère / être / méchante

   _____

5. *Madame Bovary* / être / roman / tous les jeunes Français / connaître

   _____

6. *Le Petit Chaperon rouge* / être / histoire / on / lire souvent / aux enfants

   _____

6 Récris ces phrases en utilisant le participe présent du verbe souligné comme adjectif et le verbe **être.** Suis le modèle et fais attention à l'accord!

MODÈLE En ce qui concerne le cinéma, mes préférences <u>changent</u>.

<u>En ce qui concerne le cinéma, mes préférences sont changeantes.</u>

1. Les films d'aventures <u>me passionnent</u>.

_____

2. Ces comédies <u>m'amusent</u>.

_____

3. Je n'aime pas les films de guerre parce qu'ils <u>me dépriment</u>.

_____

4. C'est l'histoire d'une femme qui <u>aime tout le monde</u>.

_____

5. Ce film classique <u>m'intéresse</u>.

_____

6. Les gens qui parlent au cinéma pendant les films <u>m'embêtent</u>.

_____

7 Pénélope et Grégory ont envie d'aller voir un film aujourd'hui. Écris les questions de Pénélope, d'après les réponses de Grégory.

1. —_____

—Il y a un film de Spielberg.

2. —_____

—Ça passe au Cinéma Palace.

3. —_____

—La séance est à 18h30.

4. —_____

—C'est un film de science-fiction.

5. —_____

—C'est l'histoire d'extraterrestres qui viennent sur notre planète.

6. —_____

—C'est avec Tom Cruise.

CULTURE   CHAPITRE 9

8 GÉOCULTURE Dis si les phrases suivantes au sujet de Nice sont **vraies (V)** ou **fausses (F).**

_____ 1. Les maisons du port de Nice sont de style italien.

_____ 2. Il y a un marché aux fleurs sur la promenade des Anglais.

_____ 3. Tous les ans, Nice organise un Carnaval qui dure deux semaines.

_____ 4. Dans les années 1860, il y avait beaucoup de Russes à Nice.

_____ 5. Le peintre Henri Matisse a habité à Nice.

_____ 6. Dans la salade niçoise, il y a souvent du poulet.

9 FLASH CULTURE Complète chaque phrase avec le(s) mot(s) qui conviennent.

1. France 2 et France 3 sont des chaînes de télévision
_____.

2. En plus des chaînes publiques, les Français ont aussi accès à des chaînes
privées par _____ ou par _____.

3. À la télévision française, il est interdit de faire de la publicité pour l'alcool,
les cigarettes et les _____.

4. En France, _____ est une taxe qui est incluse dans le
prix des produits qu'on achète.

5. La France produit le plus grand nombre de films en Europe: environ
_____ films par an.

10 COMPARAISONS Réponds aux questions suivantes.

1. Quelles sont les chaînes de télévision françaises qui sont gratuites?

_____

_____

2. Donne deux détails au sujet de la chaîne Canal+.

_____

_____

3. Est-ce qu'il y a beaucoup de publicité à la télévision française? Explique.

_____

_____

On s'amuse!

11 Clarisse parle des émissions de télévision que sa famille aime bien. D'abord, donne le nom de chaque programme représenté par les images suivantes. Ensuite, associe les phrases de Clarisse aux programmes qui correspondent.

1. _____   2. _____   3. _____

4. _____   5. _____   6. _____

_____ a. Mes parents les regardent toujours le soir à 20h parce qu'ils veulent savoir ce qui se passe dans le monde.

_____ b. J'adore ces émissions parce que les animateurs sont toujours cool et j'aime bien voir les vedettes en direct, surtout les groupes de hip-hop.

_____ c. Mon frère regarde toujours ce programme parce qu'il trouve la présentatrice très jolie et parce qu'il aime bien savoir le temps qu'il va faire pendant la semaine.

_____ d. Ma sœur ne rate jamais un épisode de son programme préféré. Ça raconte les aventures de trois jeunes étudiants américains en France.

_____ e. Mon père adore découvrir des choses intéressantes sur la vie des animaux.

_____ f. Ma mère aimerait bien participer à ce programme parce qu'elle sait toujours les réponses aux questions.

12 Laure et Geneviève essaie de choisir un programme à regarder à la télé. Complète leur conversation avec les formes de **celui** qui conviennent.

—Tu veux regarder le feuilleton sur M6?

—Lequel? (1) _____ avec Natasha Duval?

—Avec qui?

—Natasha Duval, tu sais bien, c'est (2) _____ qui a les cheveux roux.

—Ah oui! Bof, ce feuilleton n'est pas terrible. En fait, je voudrais regarder les informations.

—Bon, si tu veux. Mais on regarde (3) _____ de 18h30 parce que moi, je veux vraiment voir l'émission de variétés à 19h.

—Ah oui? Pourquoi?

—Parce qu'il va y avoir les deux groupes américains que j'adore. Tu sais, (4) _____ qui font du hip-hop.

13 Tu regardes la chaîne MUSIQUE avec ton ami Julien et vous parlez des groupes qui passent dans l'émission. Pose des questions à Julien pour en savoir plus en utilisant une forme de **lequel,** comme dans le modèle.

MODÈLE J'adore tous les groupes de rap.

<u>**Oui, mais lesquels est-ce que tu préfères?**</u>

1. La chaîne MUSIQUE est bonne, mais la chaîne TVM1 est excellente aussi.

_____

2. Tous les chanteurs de rock sont super.

_____

3. Moi, j'aime toutes les chansons de country.

_____

4. Ces deux animateurs sont mes préférés.

_____

14 Donne ton opinion des programmes de télé et des styles de musique suivants en utilisant les adjectifs ou les noms donnés et le comparatif ou le superlatif, au choix. Suis le modèle.

MODÈLE intelligent / programme: les documentaires / les séries

Les documentaires sont plus intelligents que les séries.

OU **Les documentaires sont les programmes les plus intelligents.**

1. bon / musique: la techno / le jazz

_____

2. sérieux / personne: les présentateurs d'émissions de variétés / les animateurs de jeux

_____

3. intéressant / émission: les informations / les reportages sportifs

_____

4. mauvais / musique: le blues / le reggae

_____

5. amusant / programme: les feuilletons / le bulletin météorologique

_____

15 Réponds aux questions suivantes pour une enquête sur les goûts des jeunes Américains en ce qui concerne la télévision.

1. Qu'est-ce que tu aimes regarder à la télé? Pourquoi?

_____

2. Est-ce que tu as suivi des matches de sport importants récemment? Lesquels?

_____

3. Tu as vu un bon documentaire ce mois-ci? Sur quoi?

_____

4. À ton avis, quel programme de télé est à ne pas manquer? Pourquoi?

_____

5. Qu'est-ce que tu me recommandes d'autre à la télé américaine?

_____

6. Qu'est-ce que tu penses des spots publicitaires en général?

_____

LECTURE   CHAPITRE **9**

16 Lis la critique du film *L'Entente cordiale,* puis réponds aux questions ci-dessous.

> **L'Entente cordiale**
> Film français
> Comédie / Action, 1h33
> de Vincent de Brus, avec Christian Clavier et Daniel Auteuil
> Les Russes sont en possession d'un petit appareil électronique qui permet, s'il est implanté dans le corps de quelqu'un, d'éviter la douleur. Cet appareil doit être échangé contre 25 millions de dollars. Un traducteur se retrouve alors impliqué dans cet échange entre les services secrets français et un ex-membre du KGB.
> **Notre avis:** Un film pas mal, mais sans plus, avec des rebondissements et du suspense. Le début fait penser à un film d'espionnage, dans un genre très James Bond.

1. *L'Entente cordiale,* c'est quel genre de film, d'après la critique? À quel autre genre de film est-ce que *L'Entente cordiale* fait aussi penser?

   _____

   _____

2. Qu'est-ce que l'histoire raconte?

   _____

   _____

3. Qui est le metteur en scène?

   _____

4. Qui sont les acteurs principaux?

   _____

5. Comment est ce film, d'après la critique?

   _____

   _____

6. As-tu envie de voir *L'Entente cordiale*? Pourquoi ou pourquoi pas?

   _____

   _____

RÉVISIONS CUMULATIVES

17 Écris des phrases complètes pour décrire les choses ou les personnes suivantes. Utilise **c'est** ou **il/elle est** dans chaque phrase et des pronoms relatifs quand c'est possible.

MODÈLE Jennifer Aniston

Elle est actrice de cinéma.

OU **C'est une actrice que j'aime beaucoup.**

1. Alex Trebek (du jeu *Jeopardy*)

_____

2. les livres de la série *Harry Potter*

_____

3. les feuilletons américains

_____

4. Denzel Washington

_____

5. la musique reggae

_____

18 Quel est ton roman préféré? Écris un paragraphe dans lequel tu résumes l'histoire et tu décris les personnages principaux. Ensuite, explique pourquoi c'est ton roman préféré.

_____

_____

_____

_____

_____

_____

_____

_____

_____

_____

_____

RÉVISIONS CUMULATIVES   CHAPITRE **9**

19 Nourdine, ton correspondant tunisien, t'a envoyé un e-mail dans lequel il te parle de ses goûts en matière de cinéma, de télé et de musique. D'abord, complète son mail de façon logique. Ensuite, écris-lui une réponse dans laquelle tu lui décris tes préférences personnelles.

Salut,

Moi, j'adore le cinéma. J'aime surtout les (1) _____ parce qu'il y a toujours du suspense et des rebondissements. À la télé, j'aime bien les (2) _____ américaines. Je regarde aussi beaucoup de (3) _____, surtout (4) _____ sur la nature et les animaux parce que je les trouve (5) _____. Et bien sûr, je regarde tous les (6) _____ sur le football, mon sport préféré. Comme musique, je préfère le hip-hop. Je trouve que c'est (7) _____ musique! Et toi, qu'est-ce que tu aimes? Tu vas souvent au cinéma? Tu regardes beaucoup de séries à la télé? (8) _____ est ta préférée? Quel est le genre de musique (9) _____ tu écoutes le plus souvent?

Écris-moi vite!

Nourdine

Cher Nourdine,

_____

_____

_____

_____

_____

_____

_____

_____

_____

_____

_____

Partons en vacances!

1 Pour chaque groupe de mots, souligne celui qui ne va pas avec les autres. Ensuite, donne le nom de l'endroit que tu associes aux trois autres choses de chaque liste.

1. faire de l'escalade / un gilet de sauvetage / le sommet / la vallée

_____

2. un sentier / monter à cheval / faire une randonnée / un office de tourisme

_____

3. faire une visite guidée d'un musée / des cafés / le sommet / des magasins

_____

4. un spectacle son et lumière / la plage / faire de la planche à voile / un gilet de sauvetage

_____

2 Tu entends des conversations à l'agence de voyages. Mets les lettres dans le bon ordre et complète chaque phrase avec le nom du pays qui convient.

N A L E L A E M G	A P R T U O G L	P A G E N S E
A D E N M A K R	R E G E E T L A N R	C G R E E

1. Moi, je voudrais voir les belles ruines de la _____ antique et visiter toutes les petites îles de la région en bateau.

2. Si je pouvais, je partirais en _____ pour visiter Madrid et Barcelone.

3. Mon rêve, ce serait de visiter l'Europe du Nord, surtout la Scandinavie. Je voudrais faire un voyage organisé en Norvège et au

_____.

4. J'aimerais tellement visiter Berlin, en _____.

5. Cet été, nous allons faire un séjour en _____. J'espère pouvoir visiter le château de la reine!

6. En juillet, ma famille et moi, nous partons à l'étranger pour la première fois! Nous allons rendre visite à une amie qui habite à Lisbonne, au

_____.

VOCABULAIRE 1/GRAMMAIRE 1   CHAPITRE **10**

3 Lise a rencontré beaucoup de jeunes du monde entier en colonie de vacances. Donne leurs nationalités, d'après ce que dit Lise.

MODÈLE Giani habite à Rome, en Italie.   **Il est italien.**

1. Maria vient de Barcelone en Espagne.

   _____

2. Edward et Alex sont de Manchester en Angleterre.

   _____

3. Luca et Marcia habitent au Portugal.

   _____

4. Alessandra vient d'Italie.

   _____

5. Anna vient de Munich en Allemagne.

   _____

6. Et moi, Lise, je suis de Nice en France.

   _____

4 Matthias est en colonie de vacances près de Cannes. Sa mère lui téléphone pour prendre des nouvelles. Joue le rôle de Matthias et réponds affirmativement aux questions de sa mère en utilisant des pronoms pour remplacer les mots soulignés.

1. —Alors, est-ce que tu t'amuses bien <u>à la plage</u>?

   — _____

2. —Vous faites <u>beaucoup de randonnées</u>?

   — _____

3. —Est-ce que tu as envoyé <u>une carte postale</u> <u>à tes grands-parents</u>?

   — _____

4. —Et tu vas téléphoner <u>à ton père</u> ce soir?

   — _____

5. —Dis, c'est vrai que tu as oublié <u>tes lunettes</u> à la plage?

   — _____

6. —Alors, tu vois bien que tu aimes <u>les colonies de vacances</u>, non?

   — _____

5 On a tous des idées pour nos prochaines vacances. Complète ce que disent ces personnes avec le conditionnel des verbes entre parenthèses.

1. Moi, je/j' _____ (aller) en Suisse pour y faire du ski.

2. Madame Legrand _____ (faire) un itinéraire super pour visiter tous les châteaux de la Loire.

3. Ingrid et Jules _____ (venir) nous rendre visite à Bruxelles.

4. Et toi, Nadine, tu _____ (vouloir) faire un voyage organisé avec nous?

5. Ma famille et moi, nous _____ (aimer) aller à la mer pour faire de la planche à voile et du bateau.

6. Et vous, les enfants, vous _____ (avoir) envie d'aller en colonie de vacances à la montagne?

6 Tout le monde rêve des vacances. Explique ce que ces personnes feraient si elles le pouvaient. Utilise des phrases avec **si** et des expressions variées.

1.   2.   3.   4.

1. Les Morin _____

2. Caroline _____

3. Mlle Dupont, vous _____

4. Léa et moi, nous _____

5. Et toi, où est-ce que tu irais? Qu'est-ce que tu ferais?

_____

_____

CULTURE

7 GÉOCULTURE Dans la boîte, trouve la description qui correspond à chaque personne ou chose de la liste de gauche.

_____ 1. Arman

_____ 2. la socca

_____ 3. Yves Klein

_____ 4. la Bataille des fleurs

_____ 5. le Palais Lascaris

a. un bâtiment de style baroque
b. une crêpe à la farine de pois chiches
c. un sculpteur
d. l'inventeur de la couleur IKB
e. un défilé au début du Carnaval

8 FLASH CULTURE Complète chaque phrase avec le(s) mot(s) qui conviennent.

1. Les Français ont _____ de congés payés par an.

2. _____ et _____ sont des lieux de vacances très populaires.

3. En France, l'année scolaire commence au mois de

   _____.

4. Avec 75 millions de visiteurs étrangers par an, la France est la

   _____ pour les vacances.

5. En France, ce sont surtout les _____ qui prennent leurs vacances à l'étranger.

9 COMPARAISONS Réponds aux questions suivantes.

1. Qu'est-ce qu'on appelle les «grandes vacances» scolaires en France?

   _____

   _____

2. Est-ce que les petits magasins restent ouverts en général en été? Explique.

   _____

   _____

3. Et au bord de la mer, que se passe-t-il?

   _____

   _____

10 Indique si normalement on fait les choses suivantes **a) avant les vacances, b) pendant les vacances** ou **c) les deux.**

_____ 1. On va chez le médecin pour se faire vacciner.

_____ 2. On prend de belles photos avec son appareil photo.

_____ 3. On envoie des cartes postales à ses amis.

_____ 4. On prépare sa trousse de toilette et on fait sa valise.

_____ 5. On se renseigne dans une agence de voyages et on fait des réservations d'hôtel.

_____ 6. On change de l'argent ou, si on préfère, on va chercher des chèques de voyage à la banque.

_____ 7. On demande des brochures et un plan à l'agence de voyages et on achète un guide.

_____ 8. On fait un itinéraire très intéressant et on apprend beaucoup de choses.

11 La famille de Tristan et Catherine se prépare à partir en vacances en Afrique. Complète leurs phrases avec le **subjonctif** des verbes entre parenthèses.

1. Il est nécessaire que nous _____ *(faire)* une demande de visa.

2. Est-ce qu'il faut qu'on _____ *(avoir)* un permis de conduire international?

3. Papa et maman, est-ce qu'il est nécessaire que vous _____ (changer) de l'argent?

4. Tristan, je voudrais que tu _____ *(s'informer)* sur Internet. Regarde un peu le site de la compagnie aérienne.

5. Il faut absolument que je _____ *(finir)* de lire mon guide avant de partir.

6. Je voudrais que tu m' _____ *(aider)* avec les chèques de voyage.

7. Il faut que les Gibert _____ *(être)* prêts à faire leurs valises.

8. Il faudrait que Catherine _____ *(aller)* chercher des brochures à l'agence de voyages demain.

VOCABULAIRE 2/GRAMMAIRE 2   CHAPITRE **10**

12 Mohammed va faire un voyage organisé au Canada. Aide-le à faire sa valise en lui rappelant qu'il doit emporter les choses suivantes. Utilise des expressions variées avec l'**indicatif** ou le **subjonctif**.

1. _____   2. _____   3. _____

_____   _____   _____

_____   _____   _____

_____   _____   _____

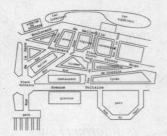      

4. _____   5. _____   6. _____

_____   _____   _____

_____   _____   _____

_____   _____   _____

_____   _____   _____

13 Isabelle raconte les dernières vacances de sa famille à la montagne. Pour chaque phrase, décide si on doit utiliser le **passé composé** ou l'**imparfait** et complète la phrase avec la forme du verbe qui convient.

1. Quand nous sommes arrivés à Villars, il _____ (faire) un temps magnifique.

2. D'abord, mardi matin, nous _____ (décider) d'aller faire de l'escalade.

3. Ma mère était en train de faire une randonnée quand elle _____ (perdre) ses lunettes de soleil.

4. Moi, j(e)_____ (être) très contente de pouvoir rencontrer d'autres jeunes.

5. Un soir, toute la famille _____ (manger) au restaurant quand tout à coup, Zinedine Zidane est entré! Incroyable, non?

6. Malheureusement, le dernier jour, il a beaucoup plu, alors nous _____ (partir) plus tôt que prévu.

14 Ton amie Noémie te pose des questions sur les dernières vacances de ta famille. Réponds-lui! Tu peux lui raconter des vacances imaginaires si tu préfères.

1. Où est-ce que ta famille est allée en vacances la dernière fois?

_____

2. Qu'est-ce que vous avez fait comme préparatifs avant de partir?

_____

_____

3. Qu'est-ce que tu as mis dans ta valise, toi?

_____

_____

4. C'était comment, ce séjour?

_____

_____

5. Raconte-moi une petite anecdote intéressante au sujet de ces vacances.

_____

_____

15 Lis cette brochure, puis réponds aux questions qui suivent.

VILLAGE DE VACANCES EN CORSE, PORTO VECCHIO

Le village

Petits bungalows individuels avec salle de bains, en bord de plage ou dans les jardins.

Restaurants, boutiques de cadeaux, bureau de change, salle de sport et piscine

Les repas

Petit-déjeuner, déjeuner et dîner: Formule buffet dans le restaurant principal

Un autre restaurant traditionnel près de la mer est ouvert pour le dîner, de 19h à 22h (réservations recommandées).

Snack-bar ouvert de 11h à 22h

Sports et loisirs

Planche à voile, bateau, kayak, ski nautique

Aquagym, yoga

Volley-ball, basket, ping-pong, tennis,

En supplément: randonnées à cheval; excursions et visites guidées diverses

Autres animations: jeux, soirées musicales et spectacles

---

  1. Qu'est-ce que la brochure décrit?

    _____

  2. Où sont les bungalows?

    _____

  3. Pour quel endroit est-ce qu'on recommande de faire une réservation?

    _____

  4. Quels sont deux sports qu'on peut faire si on aime la plage?

    _____

  5. Quelles sont deux autres activités qu'on peut faire dans ce village?

    _____

  6. Est-ce que tu aimerais passer tes vacances dans ce village? Pourquoi ou pourquoi pas?

    _____

    _____

16 Christelle va rendre visite à ses grands-parents en Belgique. Sa mère vérifie
qu'elle a bien toutes ses affaires et elle lui conseille d'emporter trois autres
choses utiles. Invente leur conversation en te basant sur l'image. Utilise le
subjonctif.

_____
_____
_____
_____
_____
_____
_____
_____

17 Si tu pouvais faire le voyage de tes rêves, où est-ce que tu irais? Avec qui?
Qu'est-ce que tu ferais là-bas? Ça serait comment, à ton avis? Écris un
paragraphe sur ce sujet. Utilise le conditionnel.

_____
_____
_____
_____
_____
_____
_____
_____

RÉVISIONS CUMULATIVES CHAPITRE **10**

18 Les personnes suivantes ont pris ces photos pendant leurs dernières vacances. D'après les photos, invente un résumé détaillé du séjour de chaque famille. Parle de leurs lieux de vacances, de leurs activités, du temps, etc. Utilise le passé composé et l'imparfait.

_____

_____

_____

_____

_____

_____

_____

_____

_____

_____

La famille Girard

Alex et Dominique Gervais

_____

_____

_____

_____

_____

_____

_____

_____

_____

_____

Si tu étais…

SI TU ÉTAIS...

1 In this activity, you'll create a francophone identity for yourself that you will use throughout the **Si tu étais...** section of this workbook. Write the following information about the "new you": your name, your age, and where you're from. Write a few sentences to describe yourself physically, as well as your personality. Then do the same for your "new" family. Finally, draw an illustration of yourself with your family, or if you prefer, cut out and paste magazine photos representing your family.

_____

_____

_____

_____

_____

_____

_____

_____

_____

_____

_____

_____

_____

SI TU ÉTAIS...

2 Now, introduce four of your "friends" from school. Give their names and ages, and write a short description of each one. Then, describe the things you and your friends do for fun after school and on the weekends. Draw two of the activities you particularly enjoy in the boxes at the bottom of the page, or if you prefer, cut out and paste magazine photos representing them.

_____

_____

_____

_____

_____

_____

_____

_____

_____

_____

_____

_____

SI TU ÉTAIS...

1 Imagine that your "new self" has a pen pal from another country. He/She wants to know how your family celebrates various holidays. Write him/her a letter describing what your family does for the holiday of your choice. Be sure to select a holiday that is celebrated in "your" new culture.

_____

_____

_____

_____

_____

_____

_____

_____

_____

_____

_____

_____

_____

_____

_____

_____

_____

_____

_____

_____

_____

_____

_____

_____

_____

_____

_____

SI TU ÉTAIS...

CHAPITRE **2**

2 Next weekend is your "grandmother's" birthday, and your "imaginary family" is planning a party for her. Create a list of all the things your family is going to have to do in order to prepare for the party, and assign the various preparations to your family members. Then, make a list of gift ideas for your grandmother. Finally, draw a birthday card for her and write the text inside the card in the boxes at the bottom of the page.

Liste des préparatifs pour la fête

_____

_____

_____

_____

_____

_____

Idées de cadeau pour Mamie

_____

_____

_____

105

SI TU ÉTAIS...

1 As your francophone self, you have become friends with an exchange student at your school. Your family is inviting him/her over for a traditional dinner this coming weekend. Help your mom by creating a menu for a dinner featuring specialties of your area. Include one or two appetizers, a main course with several sides, and a dessert. On the menu, write a short description of each dish. Cut out and paste magazine photos to illustrate your menu.

Menu

SI TU ÉTAIS...

2 Tonight, the exchange student with whom you've become friends is coming over for dinner. Your "mom" has asked you to go buy everything you need to prepare the special dinner for which you created the menu on page 106. Look at your menu again and make a list of all the ingredients you need to get. Add any other needed items, such as bread or mineral water. Then, organize your list by store to make it easier once you're in town. Cut out and paste magazine photos of the most important ingredients.

Les courses

SI TU ÉTAIS…   CHAPITRE **4**

1 In your new francophone self, you had a really bad day at school today. Write a journal entry describing what happened in detail. Illustrate your journal entry by drawing two of the things that happened, or if you prefer, cut out and paste magazine photos representing them.

_____

_____

_____

_____

_____

_____

_____

_____

_____

_____

_____

_____

SI TU ÉTAIS...

2 The exchange student who has become your friend is having a very hard time in his/her computer science class, and you've volunteered to help. Create an instruction sheet for him/her in which you explain the basic features of computers and of the Internet.

_____

_____

_____

_____

_____

_____

_____

_____

_____

_____

_____

_____

_____

_____

_____

_____

_____

_____

_____

_____

_____

_____

SI TU ÉTAIS...

1 Your "house" only has one bathroom and every morning it creates problems, as everyone in your "family" wants to use it at the same time. Write a journal entry describing the situation. Then try to come up with a better "bathroom schedule" for your family.

_____

_____

_____

_____

_____

_____

_____

_____

_____

_____

_____

_____

_____

_____

_____

_____

_____

_____

_____

_____

_____

_____

2 You've enjoyed your friendship with the exchange student at your school so much that you've managed to convince your family to become a host family for another exchange student next year. As a first step, you need to write a letter to the exchange program coordinator, in which you introduce your family and you describe your routine. Write the letter below.

À l'attention de Madame Girard

_____

_____

_____

_____

_____

_____

_____

_____

_____

_____

_____

_____

_____

_____

_____

_____

_____

_____

_____

_____

_____

_____

SI TU ÉTAIS…

1 Your pen pal from Chapter 2 wants to know what you used to be like and what you used to do as a child. Write him/her a letter describing your favorite childhood activities. Draw two of them, or if you prefer, cut out and paste magazine photos representing them.

_____

_____

_____

_____

_____

_____

_____

_____

_____

_____

_____

_____

_____

_____

_____

_____

_____

SI TU ÉTAIS...

2 As your francophone self, you grew up on a farm in the country and only moved
to your current home a few years ago. You miss life in the country a lot and wish
you could move back there. Write a journal entry describing what it was like to
grow up on a farm, and illustrate it by drawing your farm and some of the things
you miss, or if you prefer, cut out and paste magazine photos representing them.

_____

_____

_____

_____

_____

_____

_____

_____

_____

_____

_____

_____

SI TU ÉTAIS…   CHAPITRE **7**

1 Your imaginary family went camping this past weekend and you had a great
time. Now you're back home and you're putting together a photo album of the
camping trip. Draw or cut out and paste four magazine photos representing
various things you did while camping. Write a caption for each image in which
you describe what was happening in detail.

SI TU ÉTAIS...   CHAPITRE **7**

2 Your imaginary family won a trip to go on an eco-safari to Senegal next month
and you can't wait to get there! You always like to be prepared, so you've
decided to put together an information sheet on the fauna and flora of Senegal for
your family. Create this information sheet below, and add drawings or magazine
cutouts to illustrate it.

Faune et flore du Sénégal

SI TU ÉTAIS...   CHAPITRE **8**

1 Last week was a really bad week for your imaginary self and three of your friends. Everyone got sick or hurt! Draw or cut out and paste four magazine photos representing what happened to each person. Write a detailed description of the illness or injury under each corresponding image.

SI TU ÉTAIS...   CHAPITRE **8**

2 Today is New Year's Day, and just like every year, you've decided to change
some bad habits to better your health and your life. Write your ten resolutions for
the New Year, and illustrate your list with drawings or magazine cutouts.

Mes 10 bonnes résolutions pour l'année 20_____

SI TU ÉTAIS... CHAPITRE 9

1 The editor of the arts section of your school's newspaper recently resigned and your best friend has talked you into taking over his/her position. Your first assignment is to review a new movie and an interesting book for your readers. Select a movie you've seen recently and a book you've particularly enjoyed reading, and write a detailed review of each one.

Le film

_____
_____
_____
_____
_____
_____
_____
_____
_____
_____
_____

Le livre

_____
_____
_____
_____
_____
_____
_____
_____
_____
_____
_____

SI TU ÉTAIS...

2 Your second assignment as the newly appointed arts editor of your school's newspaper is to write an article about young people's likes and dislikes when it comes to television programs. In order to gather data for your article, create a survey containing at least ten questions about television viewing habits to send to students in your school.

_____

_____

_____

_____

_____

_____

_____

_____

_____

_____

_____

_____

_____

_____

_____

_____

_____

_____

_____

_____

_____

_____

_____

_____

SI TU ÉTAIS... CHAPITRE **10**

1 The summer vacation is approaching, and each year in your "new" family, a different family member gets to decide where the family will spend the summer vacation. Lucky you! It is your turn this year! However, you must first present your ideas to your entire family for approval. Prepare a brochure on your chosen vacation destination that you will use when you do this "presentation." Add relevant drawings or magazine cutouts for visual appeal.

Nos vacances

SI TU ÉTAIS...

2 Your "vacation presentation" was well-received, and your family has decided to go along with your ideas. Now it's time to prepare for the trip. Create a list of all the things your family is going to have to do in order to prepare for this trip, and assign the various preparations to your family members.

_____

_____

_____

_____

_____

_____

_____

_____

_____

_____

_____

_____

_____

_____

_____

_____

_____

_____

_____

_____

_____

_____

_____

_____

_____

_____

_____

_____

Nom _____ Classe _____ Date _____

EN RÉSUMÉ

1 It's now summertime in your "imaginary" life, and your family is vacationing according to plan. Write a postcard to your best friend back home, telling him/her all about your trip. Describe the area where you are and mention what there is to see and do there. Talk about your family's daily activities and describe the food you've had a chance to try. Finally, give your opinion of this vacation, and ask your best friend about his/her vacation. Add a relevant magazine cutout or drawing to serve as the front of your postcard.

EN RÉSUMÉ

2 You found a letter from the exchange program coordinator when you came back from summer vacation. It's great news! Your family has been approved to host a foreign exchange student, and he/she is arriving in just a few weeks. Write him/her a letter in which you introduce yourself and your family. Describe the area where you live, as well as your house and your school. Mention some of the things you and your family like and like to do. Be sure to also give the exchange student advice on what he/she should bring, and ask him/her some questions about himself/herself.

_____

_____

_____

_____

_____

_____

_____

_____

_____

_____

_____

_____

_____

_____

_____

_____

_____

_____

_____

_____

_____

_____

_____